Henriette Hell
Lust

Henriette Hell

Lust

Fuckability, Orgasm-Gap und *#metoo*

HIRZEL

Bibliografische Information der Deutschen Nationalbibliothek
Die Deutsche Nationalbibliothek verzeichnet diese Publikation in der
Deutschen Nationalbibliografie; detaillierte bibliografische Daten sind im
Internet unter https://portal.dnb.de abrufbar.

Jede Verwertung des Werkes außerhalb der Grenzen des Urheberrechtsgesetzes ist unzulässig und strafbar. Dies gilt insbesondere für Übersetzungen, Nachdruck, Mikroverfilmung oder vergleichbare Verfahren sowie für die Speicherung in Datenverarbeitungsanlagen.

1. Auflage 2022
ISBN 978-3-7776-3041-0 (Print)
ISBN 978-3-7776-3171-4 (E-Book, epub)

© 2022 S. Hirzel Verlag GmbH
Birkenwaldstraße 44, 70191 Stuttgart
Printed in Germany

Lektorat: Ulrike Burgi, Köln
Einbandgestaltung: Stefan Schmid Design, Stuttgart
Satz: Satzpunkt Ursula Ewert GmbH, Bayreuth
Druck und Bindung: CPI Books GmbH, Leck

www.hirzel.de

Inhalt

Vorwort 7

Lust – was ist das eigentlich? 10
Die Erfindung der Todsünde 13
Pornotempel vs. Elektroschocks 19
Adieu, Tabus! – Roaring Twenties 22
Sexuelle Befreiung, Pillenknick und Deutschlands erster
Sex-Guru 24
Selbstoptimierung als Lustkiller 28
Rollenklischees und Slutshaming: die Nachwehen der
Todsünde 29
Die Frau als Sündenbock 31
Incels – sexuell frustriert und gefährlich 34

Unterdrückung der weiblichen Lust 37
Hi, my name is Clit!
Orgasm-Gap, Selfsex & neosexuelle Revolution 38
»Wet Ass Pussy« – feministischer, sexpositiver Rap 43
Was richten Mainstreampornos an? 45
Der toxische Hype um »Jungfräulichkeit« 47
Teenie-Endziel: Entjungferung 49

Dickpics und Sexting 51
Huch, verklickt! Der Sexskandal, der Hillary den Sieg kostete ... 53
Das Fremdgeh-Gen 54
Flutschfinger & toxischer Schönheitswahn: Reizüberflutung
in den Medien 59
Was erregt uns noch? 60

Generation der »Ich-Linge« 64
Die neue Sexflaute 66
Die Kardashians vs. körperdysmorphe Störung 68

Der Gegenpol: die Bodypositivity	71
Teenagerjahre	73
Fuckability und sexuelle Verfügbarkeiten	76
Homosexualität als Todsünde	78
Leben in einer Gesellschaft mit Doppelmoral	82

Nein heißt Nein! ... 84
Absturz meines Teenieidols ... 85
#metoo und sexistische Presse ... 87
»Vögeln, fördern, feuern« ... 89

Ein Ausblick: fluide Sexualität und Robotersex ... 93

Literaturverzeichnis ... 97

Quellenverzeichnis ... 97

Bildnachweis ... 98

Vorwort

Lust – eine Todsünde? Das passt nicht mehr in unsere lebensbejahende, hedonistische Welt, in der die BDSM-Lovestory »Fifty Shades of Grey« in der Primetime läuft, feministische Künstlerinnen im Radio explizit über ihre sexuellen Vorlieben rappen und sich schon Teenager vom Taschengeld eine Schamlippenstraffung leisten.

In einer Welt, in der fast alles erlaubt ist, muss auch alles einmal ausprobiert werden: Mittlerweile reisen gefühlt mehr Tourist:innen nach Berlin, um ihre Körpersäfte in sexpositiven Technoclubs wie dem »Berghain« oder dem »KitKat« zu verströmen, als um Selfies vor den Überresten der Mauer zu machen. Scham oder Tabus kennen wir kaum noch. Sex gehört zum Alltag und ist zum Lifestyle-Produkt geworden. Unsere Bushaltestellen sind zugepflastert mit Plakatwerbung für Casual-Dating-Portale. In diversen Realityshows (z. B. »Love Island«) haben die Darsteller:innen zuverlässig Sex vor laufender Kamera oder gehen gleich splitterfasernackt auf die Balz (»Adam sucht Eva«). Ausdrücke wie »fuck you«, »voll Porno« oder »bitch« gehören mittlerweile zum Standartvokabular vieler (Berufs-)Jugendlicher. Heute schockt es kaum noch eine:n, wenn Kult-Autorin Charlotte Roche nebst Gatten im gemeinsamen Podcast über die Vor- und Nachteile einer offenen Ehe diskutiert. Oder Influencer:innen auf Instagram ihre bevorzugten Masturbationstechniken erklären – inklusive Rabattcode für das passende Sextoy. Die schlimmste Sünde heißt für einige nicht mehr Ehebruch, sondern Slutshaming.

Jene düsteren, lustfeindlichen Zeiten, in denen vor allem die weibliche Sexualität als etwas Bedrohliches empfunden wurde, die mit drastischen Mitteln bekämpft werden musste, sind im Jahr 2022 in westlichen Gefilden weitestgehend vorbei. Spätestens seit der 1968er-Bewegung, sexpositiven Popstars wie Madonna, Nina Hagen oder der TV-Serie »Sex and the City« ist das Spotlight endlich mal auf die sexuellen Bedürfnisse und Wünsche der Frau gerichtet. Feministischer »Viva La Vulva«-Merch ist der heiße Scheiß, etwa in Form von T-Shirts, Kerzen oder Postkarten.

Doch mit den neuen Möglichkeiten wächst auch der Druck: Die weibliche Fuckability muss plötzlich bis ins hohe Alter halten, weshalb die Nachfrage nach chirurgischen und minimalinvasiven Schönheitskorrekturen innerhalb der letzten Jahre explodiert ist. Selbstoptimierung – bis in den letzten Winkel unseres Körpers – »weil ich es mir wert bin«. Und um bei Online-Dating-Seiten auch noch nach der ersten Scheidung mithalten zu können. Wem das nötige Kleingeld fehlt, der pimpt zumindest sein virtuelles Ich auf Kardashian-Niveau.

Einer von vielen Gründen, weshalb sich das (Sexual-)Leben vieler Menschen immer mehr ins Internet verschiebt, wo sich vermeintlich makellose Wesen gegenseitig vermeintlich perfekte Leben vorgaukeln. Virtual-Reality-Pornos und Sex-Avatare boomen, es gibt Chat-Foren über jeden noch so absurden Fetisch. Und die Zahl der Pornosüchtigen steigt kontinuierlich. Gleichzeitig haben die Menschen immer weniger *echten* Sex.

Die permanente Verfügbarkeit von sexuellem Content sowie auch von potenziellen (Sex-)Partner:innen durch Dating-Apps führt vor allem in der westlichen Welt immer mehr zu einer totalen Reizüberflutung und Überforderung. Es fällt immer schwerer, die eigenen Wünsche herauszufinden, und die Toleranzgrenze für sexuelle Reize sinkt stetig. Um überhaupt noch etwas zu spüren, müssen für einige immer krassere (digitale) Kicks her.

Noch nie hatten Paare so wenig Sex wie heute! Nie zuvor fingen junge Leute später damit an. Die Lust verkehrt sich offenbar allmählich ins Gegenteil. In einer Welt, in der »König Sex« regiert und fast jeder Fetisch durch ein paar Klicks befriedigt werden kann, ist es das größte Tabu, keine Lust (mehr) zu haben! Wie konnte es bloß so weit kommen?

Mit diesem Essay möchte ich eine Untersuchung wagen, wie sich die Lust (ich verwende den Begriff synonym zu Ekstase und Wollust) der Menschen und ihr Umgang mit dieser angeblichen Todsünde im Laufe der Jahrhunderte verändert hat. Meine Überlegungen haben keinen Anspruch auf Vollständigkeit oder Allgemeingültigkeit, denn ich schreibe aus meiner persönlichen Perspektive. Ich bin weiß, weiblich, und ich kann meine Sexualität selbstbestimmt und frei leben. Seit rund zehn Jahren widme ich mich in meinen Büchern und Artikeln für verschiedene Magazine den Themen Sex, moderne Liebe und Beziehungsformen sowie (Pop-)Kultur. Für mein erstes Buch »Achtung, ich komme! – In 80 Orgasmen um die Welt« beschäftigte ich mich bereits mit der systematischen Unterdrückung des weiblichen Orgasmus durch eine patriarchale Gesellschaft sowie den Ursachen und Auswirkungen der klaffenden Orgasm-Gap.

Daran knüpft dieses Buch nun an. Ich gehe den frühesten Gründen für die seit Jahrhunderten andauernde, planmäßige Verteufelung der menschlichen – und vor allem der weiblichen – Sexualität durch die Kirche, patriarchale Machtstrukturen und andere mächtige Instanzen aus größtenteils völlig absurden, misanthropischen Gründen nach: Wie hat sich der Umgang mit menschlicher Lust im Laufe der Zeit unter verschiedenen gesellschaftlichen und kulturhistorischen Einflüssen entwickelt? Durch welche Ereignisse und Personen hat sich unser sexuelles Selbstverständnis verändert? Welche Auswirkungen hatten zum Beispiel die Anti-Baby-Pille, das Internet, die Kardashians oder die Erfindung des Selfies auf unser Liebesleben? Hebt sich die fleischliche Todsünde Lust in einer zunehmend schambefreiten, übersexualisierten Gesellschaft bald selbst auf?

Lust – was ist das eigentlich?

> »Es ist, als würden wir die ganze Zeit mit diesen absurd starken Impulsen und Begierden herumlaufen, für die wir bereitwillig unser Leben ruinieren und unsere Ehe und den Job torpedieren, aber niemand versucht wirklich zu erklären, was diese Begierden sind oder woher sie kommen.«
> (Sally Rooney, »Schöne Welt, wo bist du«)

Lust ist Wodka-Redbull trinken, rauchen, tanzen, durchmachen, an einem Dienstag.
Lust ist Sex auf dem Club-WC.
Lust bringt dich mit jemandem zusammen.
Lust macht dir ein Baby.
Lust ist Ekstase.
Lust kann dir alles ruinieren.
Lust pfeift auf Anstand und Moral.
Lust ist das Tier in dir.
Lust kannst du nicht kontrollieren.
Lust schreit nach Befriedigung.
Lust ist ein Lebenselixier.
Lust kommt vor Liebe.
Lust lebt nur für den Moment.
Lust wird manchmal schmerzlich vermisst.
Lust kannst du nicht planen.
Lust ist die schönste Todsünde.

Sinnliche Begierde vs. animalischer Trieb, der rücksichtslos danach strebt, ausgelebt zu werden. Ein intensives, ungezügeltes sexuelles Verlangen, das die Menschen dazu verleitet, »Unzucht« zu betreiben. So drückte man es zumindest früher aus, und gemeint waren damit: Ehebruch, Sodomie und andere moralisch verwerfliche sexuelle Handlungen. Deshalb waren sich die ersten Mönche, Bibelväter und Sittenwächter schon sehr früh einig: Je weniger die Menschen Sex haben, desto besser! Und das, obwohl er uns eines der schönsten Gefühle der Welt besorgt – den Orgasmus. Es würde also drastische Maßnahmen bedürfen, sie davon abzubringen.

Schließlich können wir oft gar nicht anders, sind praktisch Sklav:innen unserer Libido. Ein Tierversuch mit Ratten zeigte: Das Männchen zögert nicht, ein elektrisch geladenes Gitter zu überqueren und schmerzhafte Stromstöße in Kauf zu nehmen, wenn auf der anderen Seite ein paarungsbereites Weibchen wartet. Sigmund Freud verstand unsere Libido als sexuelle Triebenergie, die sich im Phänomen des Drängens, des Begehrens äußert. Verschiedene wissenschaftliche Studien haben ergeben, dass Männer einen stärkeren Sexualtrieb haben als Frauen, etwa, weil deren Libido durch den Menstruationszyklus regelmäßigen Schwankungen ausgesetzt ist. Viele Frauen verspüren nach ihrem Eisprung keine große Lust mehr auf Sex, weil es dann aus evolutionsbiologischer Sicht schlichtweg keinen Sinn mehr macht, Verkehr zu haben, da eine Schwangerschaft ausgeschlossen ist. Nach ihrer Periode kehrt ihre Lust zurück. Gegen diese Triebe sind wir machtlos. Waren wir schon immer, werden wir wohl vermutlich immer sein.

Trotzdem wird gleich im ersten Buch Mose alles darangesetzt, diese menschlichen Triebe zu bändigen – mit einer abgedrehten Horrorstory über eine Frau, die von einer Schlange dazu verführt wird, einen Apfel zu pflücken, obwohl Gott es verboten hat. Die Frau gibt jedoch der Versuchung nach und überredet anschließend ihren Mann, auch mal abzubeißen. Daraufhin wird Gott wütend, schmeißt das bis dato noch gänzlich unbekümmert nackig durch die Gegend lustwandelnde Paar aus dem Paradies und bestraft es mit einem Schamgefühl (»Huch, wir sind ja nackt, wie peinlich!«). Fortan muss Eva zur Strafe Kinder unter großen Schmerzen gebären und Adam schwer auf dem Acker schuften. Die Frau steht in der Geschichte für die Sinnlichkeit, die Schlange für die Lust und Adam für die Vernunft. Im Laufe der Kirchengeschichte schoss man sich leider zunehmend darauf ein, die Frau als Ursache *aller* Sünden zu betrachten. Diese Interpretation spiegelt sich in zahlreichen Kunstwerken (z. B. von Michelangelo) wider, auf denen die Schlange im Laufe der Jahre immer weiblicher dargestellt wurde, zuletzt mit Brüsten. »Dadurch wurden Frauen mit der Zeit immer drastischer abgewertet«, sagt die Alttestamentlerin Helen Schüngel-Straumann. Das Problem: Kunst funktionierte damals wie eine Zeitung. »Die Menschen im Mittelalter lasen ja nicht die Texte, sie sahen die Bilder und Skulpturen«, so Schüngel-Straumann. Wenn dann ein Unglück geschehen oder die Pest gekommen sei, habe man nach Schuldigen gesucht – und dann oftmals die Frauen als »Sündenbock« eingespannt.

Zwischen dem späten 15. und dem 18. Jahrhundert gipfelte dieser misogyne Wahnsinn in Europa in der sogenannten Hexenverfolgung, bei der Zehntausende Frauen verbrannt wurden – häufig wegen völlig absurder, frei erfundener Anschuldigungen. Kam der Mann beim Sex mit seiner Frau nicht zum Höhepunkt? Hexerei! Gab es eine schlechte Ernte oder starben Nutztiere? Hexerei! Verstand sich eine Frau in Kräuterkunde? Hexerei! Auch Frauen, die keinen Mann hatten, den Haushalt nicht ordentlich führten, kein Interesse daran hatten, sich attraktiv herzurichten oder den ehelichen Geschlechtsverkehr verweigerten, konnten als »Hexe« im Kerker landen. Dort kam es häufig zu Vergewaltigungen und Folter.

Erst mit der Aufklärung (ab ca. 1700) wandelte sich das Bild von der »lüsternen Verführerin zur libidobefreiten Vernunftsträgerin«, schreibt Katja Lewina in ihrem Buch »Sie hat Bock« (Lewina, Sie hat Bock, 2021): »Im 19. Jahrhundert überboten sich die Wissenschaftler dann gegenseitig mit Erkenntnissen über die angeblich kaum vorhandene weibliche Sexualität [...].« Plötzlich war man überzeugt, dass – hoppla! – doch die Frauen den Männern moralisch überlegen waren und viel besser darin waren, die eigenen Triebe im Griff zu haben.

Der deutsche Philosoph und Schriftsteller Friedrich Nietzsche (1844–1900) hielt den Begriff Sünde, speziell in Bezug auf die Fleischeslust, übrigens für kompletten Nonsens, den sich Priester wie Paulus ausgedacht hatten, um »den Leib zu verachten und die Menschen zu knechten, moralisch zu erniedrigen und zu terrorisieren«. So fasst die Publizistin Ursula Homann Nietzsches Ansatz zusammen. Damit bringt sie es meiner Meinung nach ziemlich gut auf den Punkt.

Die Erfindung der Todsünde

Was wir heute als Sexsucht abstempeln, fiel im Mittelalter (6. bis 15. Jahrhundert) unter den Begriff Todsünde. Das hat ordentlich Krawumm: TODsünde. Sie scheint zu implizieren, dass man eines qualvollen Todes sterben muss, sobald man sich einer solchen schuldig macht. So war das wohl auch gedacht: Züchtigung der verkommenen Gesellschaft durch ein Klima der Angst und des Schreckens. Erfunden hat's ein Mönch namens Evagrius Ponticus. Im 4. Jahrhundert stellte er eine Liste mit acht Lastern auf, die später immer wieder übernommen und an die aktuellen gesellschaftlichen Moralvorstellungen angepasst wurde. Papst Gregor I. formulierte daraus im 6. Jahrhundert die in der römisch-katholischen Kirche bekannten sieben Todsünden: Stolz (Superbia), Geiz (Avaritia), Wollust (Luxuria), Zorn (Ira), Völlerei (Gula), Neid (Invidia) und Faulheit (Acedia). Das Ziel der daraus resultierenden restriktiven Sexualmoral war es, den Gläubigen Schuldgefühle einzurichten und dadurch an die Kirche zu binden. Der

Obstliebhaberin Eva hat Mist gebaut. Der Ruf ihres Geschlechts ist für Jahrtausende ruiniert. Megaunfair!

Service: Priester vergaben ihnen bei der Beichte ihre Sünden und sie konnten Buße tun, um der Hölle zu entkommen. Ein Rundum-Sorglos-Paket. Einziges Problem: Jede:r von uns trägt die sieben Todsünden zumindest anteilig in sich. Nicht umsonst wurde im 13. Jahrhundert in vielen Kirchen ein doppeltes, extradickes Fenster in einige Beichtstühle eingebaut. Immer wieder war es offenbar während der Beichte zu Grabschattacken gekommen – und zwar von beiden Seiten. Ich male mir das so aus: Junge, attraktive Frau geht zur Beichte, beschreibt en detail ein wollüstiges Vergehen mit Lover X, zölibatärer Priester wird rallig – und langt zu. Einfach, weil er es in seiner unverhältnismäßig großen Machtposition kann. Sie schreit um Hilfe, er faselt irgendetwas von »Hexerei« und sorgt mal eben dafür, dass die »von Dämonen besessene Lügnerin« auf dem Scheiterhaufen verbrannt wird.

Heute läuft es zum Glück anders: Im Februar 2022 wurde ein katholischer Priester in Nordrhein-Westfalen zu zwölf Jahren Gefängnis verurteilt, da er über 40 Jahre lang gezielt Kindern in Not sexualisierte Gewalt angetan hatte. Einige betroffene Frauen wurden vom Richter als Heldinnen des Verfahrens bezeichnet, weil sie auch noch viele Jahre nach der Tat gegen den pädophilen Serientäter ausgesagt hatten.

Im Mittelalter aber herrschte Willkür. Tagtäglich wurden Sünder:innen auf dem Scheiterhaufen verbrannt. Andere wurden kastriert oder ihnen wurden die Augäpfel herausgeschnitten oder ausgebrannt – damit sie nie wieder einen Blick auf das andere Geschlecht werfen konnten. Die Kirche war damals außerordentlich kreativ, wenn es um barbarische Bestrafungen ging. Sie bestimmte auch, mit wem man den Geschlechtsakt vollziehen durfte: einzig und allein mit der oder dem Ehepartner:in, um Nachkommen zu zeugen. Alles andere galt als widernatürliche Unzucht (ein Glück, dass die meisten Paare nicht von einem Mal schwanger werden …).

»Die Assoziation von Wollust mit Unreinheit und Ekel, mit den Listen des Teufels, mit Finsternis, Tier, Körper und schließlich Tod, Verdammnis und Hölle war fest verankert und allgegenwärtig«, schreibt der Philosoph Simon Blackburn in seinem Buch »Wollust: Die schönste Todsünde«. Deshalb wurde den Leuten erzählt, dass zu viel Sex dazu führte, dass man schwachsinnig wurde, eine Glatze bekam oder durch Rückenmarkschwund zum Krüppel wurde.

Sex sollte, wenn es denn unbedingt nötig war, möglichst ohne Spaß vollzogen werden. Im Idealfall stülpte frau sich ein riesiges Laken über den Kopf, in das lediglich ein kleines Löchlein geschnitten war, durch welches der Mann in sie eindringen konnte (»The Handmaid's Tale« lässt grüßen!), ohne seinen lüsternen Blick über ihren nackten Körper gleiten lassen zu können. Das erste »Glory Hole« der Geschichte sozusagen. Dabei konnte frau bestimmt wenigstens gut schummeln, wenn sie mal keine Lust hatte und zufällig einen warmen Apfelkuchen oder einen Pudel griffbereit hatte. Aber das sind bloß unqualifizierte Unterstellungen meinerseits.

Historisch betrachtet hatte der Versuch einer Eingrenzung der Sexualität auf die Ehe gute Gründe, weil die Zahl der unehelichen Geburten im Europa des 16. und 17. Jahrhunderts in einigen Gegenden die Zahl der ehelichen zeitweise überstiegen haben soll. Das Problem: Unverheiratete Mütter wurden von der Kirche und der Gesellschaft geächtet, was nicht selten in verzweifelten Selbst- oder Kindstötungen endete. Den unehelich geborenen Kindern fehlte zudem der Schutz durch eine Familie, was in schwierigen Zeiten überlebensnotwendig war.

Der Apostel Paulus (vermutlich um das Jahr 10 n. Chr. geboren) war einer der Ersten, der sich im Neuen Testament mit dem Thema Sexualität beschäftigte – und verteufelte. Homosexualität, Masturbation, Ehebruch, selbst »Sex, nur weil er Spaß macht« – all das war aus seiner Sicht ein Grund für den Ausschluss aus dem Paradies. Selbst die Ehe war dem Wandermissionar suspekt. Sie sei für all jene Christ:innen, die zu schwach und von ihren fleischlichen Gelüsten getrieben waren, fand er. Das Motto lautete: »Es ist besser, zu heiraten, als in Begierde zu brennen« (1. Kor 7,9). Paulus selbst blieb übrigens Zeit seines Lebens Single. (Braun, 2019).

Auch in der Antike (ab ca. 800 v. Chr. bis 600 n. Chr. im Mittelmeerraum) wurde das Thema Sexualität gefühlt nur mit der Kneifzange angefasst. Wer sich mit dem anderen Geschlecht vergnügte, befleckte sich nach Ansicht vieler großer Philosophen selbst. Um sich nach dem Akt zu reinigen, der ihrer Ansicht nach etwas Dämonisches hatte, pflegten die Babylonier, die Ägypter und auch die Araber in der Alten Welt etwa ein ausgiebiges Bad zu nehmen, um sich von der soeben vollzogenen Sünde reinzuwaschen. Ziemlich melodramatisch, wenn Sie mich fragen. Frauen galten auch in dieser Epoche als besonders triebhaft und damit brandgefährlich. Einige Völker in Kleinasien setzten sogar auf Kastration, um sich vor den bösen Mächten der Wollust zu schützen. Und dann kamen auch noch die Stoiker (ab 300 v. Chr.), allesamt Riesenfans der Selbstbeherrschung und der damit ihrer Ansicht nach einhergehenden, erstrebenswerten »stoischen« Gelassenheit, die alles daransetzten, irrationale Triebe, Lust und Leidenschaft (z. B. in Form einer verbotenen Affäre) zu unterdrücken, weil die ihrer Ansicht nach bloß zu Ärger und Stress führten. Wenn das bloß immer so einfach wäre! Aktuelle Studien belegen, dass jede:r dritte Deutsche schon mal fremdgegangen ist. Dennoch schlossen sich damals viele frühchristliche Autoren der stoischen Sichtweise an und – schwupps! – brach eine ziemlich lange, vollkommen spaßbefreite Epoche an.

Die barbarischsten und absurdesten Strafen für Lust
- Oral- und Analverkehr oder Masturbation wurden im Mittelalter mit 25 Jahren (!) Fasten bei Wasser und Brot bestraft. Dumm genug, wer sich dabei erwischen ließ ...
- Wer sich »nur« mit einem Dildo (damals aus Holz und mit Leder ummantelt) vergnügte, brauchte gnädigerweise nur ein Jahr lang zu fasten.
- Wer sich im Mittelalter mit der Frau eines anderen Mannes verlustierte, musste dem Hintergangenen zur Strafe eine neue kaufen (und was passierte mit der alten? Wurde die auf den Recycling-Hof gebracht, oder wie?!).
- In Wien drohte Ehebrecher:innen im Hochmittelalter der Tod durch Pfählung, wenn beide verheiratet waren. Ab 1852 drohte laut Strafgesetzbuch ein Arrest von bis zu sechs Monaten. Frauen wurden strenger bestraft, wenn durch den Seitensprung nicht klar auszu-

machen war, wer im Falle einer Schwangerschaft der Vater war. Noch bis 1997 konnten Ehebrecher:innen in Österreich zu einer sechsmonatigen Gefängnis- oder Geldstrafe verurteilt werden, wenn die oder der Betrogene es verlangte. In Maryland kommt man heute mit einer Strafe von zehn Dollar davon.

- In einigen islamisch geprägten Ländern wie Somalia, Irak oder Afghanistan wird Ehebruch oder außerehelicher Sex bis heute mit Steinigung bestraft. Dabei wird die betreffende Person bis zur Brust im Boden eingebuddelt und so lange mit Steinen beworfen, bis sie tot ist.
- Bei den alten Germanen (1. und 2. Jahrhundert) durfte ein betrogener Ehemann die Fremdgängerin ohne Buße erschlagen. Alternativ konnte sie auch für einen Walk of Shame unbekleidet und kahlrasiert durchs Dorf geprügelt und anschließend verstoßen werden. Kein Wunder, dass die Römer:innen unsere Ahnen als »Barbaren« bezeichneten!
- Nachdem er des Meineids (»I did not have sexual relations with that woman«) überführt worden war, musste US-Präsident Bill Clinton 1998 live im Fernsehen zugeben, eine »unangemessene Affäre« mit seiner einstigen Praktikantin Monica Lewinsky gehabt zu haben, obwohl er dies lange vehement geleugnet hatte. Oralverkehr zählte in seiner Welt nämlich nicht als richtiger Sex. Daraufhin wurde ihm seine Anwaltszulassung in seinem Heimatstaat Arkansas für fünf Jahre und für Prozesse vor dem Obersten Gerichtshof des Bundes dauerhaft entzogen. Hinzu kam eine Geldstrafe von 25.000 Dollar. Weiter regieren durfte er trotzdem. Glimpflich davongekommen!
- Der Ex-Mann von Gerhard Schröders Frau, Kim So Yeon, verklagte den Altkanzler 2018 wegen einer außerehelichen Affäre auf umgerechnet 77.000 Euro. Schröder habe die Liaison begonnen, während die beiden noch verheiratet waren. Dies habe ihm »seelische Qualen« bereitet. 2021 fiel das Urteil: Schröder musste dem Betrogenen tatsächlich umgerechnet rund 22.000 Euro zahlen.

- Frauen, die sich in der NS-Zeit auf Affären mit ausländischen Kriegsgefangenen einließen, mussten sowohl in Deutschland als auch in Frankreich manchmal einen Walk of Shame über sich ergehen lassen. Sie wurden kahlrasiert, mit Dreck beschmiert, entkleidet und durch die Straßen gejagt. Dadurch wollte man sie entweiblichen und somit unattraktiv für das andere Geschlecht machen.

Pornotempel vs. Elektroschocks

Scham und Selbsthass gehörten also im Mittelalter zum Alltag für alle, die ab und zu so etwas wie Lust und Begehren fühlten. Also vermutlich so gut wie jede:r. Trotzdem ließ man es heimlich oft ganz schön krachen: Prostitution und private Orgien erfreuten sich großer Beliebtheit und wurden schon im Römischen Reich (ab 753 v. Chr. bis ins 7. Jahrhundert) gefeiert. Fresken und Wandmalereien aus Pompeji bilden nicht umsonst die pornösesten Liebesszenen ab, und auch die Skulpturen in den berühmten Hindu-Tempeln im indischen Khajuraho (erbaut zwischen 950 und 1120) frönen fröhlich Blowjobs, flotten Dreiern, analer Penetration und sogar Sex mit Tieren. YouPorn ist nichts dagegen! Das haben sich die Leute damals bestimmt nicht alles ausgedacht. Als der britische Offizier T. S. Burt bei einer Forschungsreise die Tempel 1933 im Dschungel entdeckte und Königin Victoria Bericht erstattete, wurde im prüden Europa erstmal aufgeregt diskutiert, ob es nicht besser sei, die obszönen »Pornotempel« im fernen Indien sofort zu zerstören. Zum Glück haben sie es sich anders überlegt. Wäre ja auch ganz schön verlogen gewesen, denn immerhin war Victoria selbst als sexhungrig bekannt.

Aber zurück ins Mittelalter. Wer es darauf anlegte, bekam bereits damals Sex an jeder Ecke. Der Quickie zum Wein in den Hinterzimmern der Tavernen war damals fast obligatorisch. Damals gab es schließlich noch kein digitales Entertainment zwecks Zerstreuung nach Feierabend. Heute haben wir alle dank Netflix, Spotify, Instagram usw. nonstop Besseres zu tun, als uns mehrmals täglich dem guten alten »Rein-Raus-Spiel« zu widmen. Aber vor tausend Jahren war Sex halt noch DAS Hobby Nr. 1.

Orgien spielten sich vor allem in den Villen und Palästen der Wohlhabenden ab, die lediglich einen kleinen Anteil der Bevölkerung ausmachten. So beschreibt es der Altphilologe Cornelius Hartz in seinem Buch »Orgien, wir wollen Orgien«. Sex sei dabei häufig »nur« eine zufällige Begleiterscheinung ausufernder Saufgelage bei Dinnerpartys gewesen, zu denen auch Lesungen und Tanzaufführungen gehörten. Dabei verweilten die Beteiligten gerne liegend bei Tisch. Und man kennt das ja, diese sexuelle Eigendynamik, die sich manchmal auf feuchtfröhlichen Feten entwickelt. Hartz entlarvt das verruchte Image der alten Römer:innen aber trotzdem als »Erfindung ultrakonservativer oder populistischer Kreise«. Orgien gebe es nämlich in allen Kulturen. »Wenn wir etwas aus der Geschichte lernen können«, so Hartz, »dann ist es, dass eine Gesellschaft, die versucht, allzu restriktiv mit menschlichen Bedürfnissen (auch sexueller Art) umzugehen, diese allenfalls in den Untergrund drängen kann.« Das unterstreicht die große Macht der Todsünde Lust.

Ganz anders lief es am Hofe des französischen Königs Ludwig XIII. im 17. Jahrhundert ab. Dessen Leibarzt verordnete etwa den Kindermädchen, sie sollten seine Söhne zur »abendlichen Beruhigung« im »Kitzeln des Penis« unterweisen. Die beruhigende Wirkung eines Orgasmus wurde offenbar gewürdigt und gefördert. Im 18. Jahrhundert wurde die Masturbation bei jungen Männern dann plötzlich als »auszehrende Erkrankung« eingestuft, die fast unweigerlich zum Tode führen sollte. Immanuel Kant, immerhin wichtigster Philosoph der Aufklärung, verdammte die »wollüstige Selbstschändung« etwa als sittliche Verfehlung, weil es dabei ausschließlich um die individuelle Triebbefriedigung gehe, was zur Folge habe, dass man seine Persönlichkeit aufgebe. Auch der Schweizer Arzt Samuel Auguste Tissot wütete im 18. Jahrhundert gegen die »Selbstbefleckung« und veröffentlichte die berühmte Schrift »L' Onanisme« über die angeblichen negativen Folgen wie etwa körperliche Auszehrung, die seiner Meinung nach direkt zum Tode führen konnte. Die Schrift wurde vielfach übersetzt, was zur Folge hatte, dass noch bis ins 20. Jahrhundert hinein Keuschheitsgürtel für Kinder konstruiert sowie Penisringe und Elektroschocks verschrieben wurden. Sogar Beschneidungen wurden bei beiden Geschlechtern durchgeführt, um als abschreckendes Beispiel zu dienen und der Lust der Teenager:innen Einhalt zu gebieten.

Folgendermaßen beschreiben es Friedrich H. Moll und seine Autorenkollegen in dem Artikel »Höhepunkte aus der Geschichte der Onanie« für »Der Urologe« (Moll, Berberich, Hatzinger, & Schultheiss, 2012): »Aufgrund einer religiös und gesellschaftlich geprägten Sozialmoral gilt in vielen Gesellschaften die sexuelle Selbstbefriedigung auch heute noch als Tabu oder Perversion«, schreiben Moll und Co. »Von der Antike bis in unsere aktuelle Gesellschaft zieht sich diese Verleugnung des Körperempfindens wie ein roter Faden.« Der amerikanische Arzt und Erfinder der Cornflakes, Dr. John Harvey Kellogg (1852–1943), hielt Sex ebenfalls für die schlimmste Geißel der Menschheit und machte sie für alle möglichen Krankheiten verantwortlich. Kellogg galt als Vorkämpfer für sexuelle Enthaltsamkeit und gründete in den USA ein luxuriöses Sanatorium, das auch zahlreiche Promis aufsuchten, in dem er mithilfe verschiedenster Anwendungen und Diäten (u. a. mit sättigenden Cornflakes) versuchte, die sexuelle Lust seiner Patient:innen zu dämpfen. Er selbst war angeblich nie sexuell aktiv, obwohl er eine Ehefrau hatte. Stattdessen ließ er sich jeden Morgen einen Einlauf verpassen. Offenbar sein geheimer Fetisch.

Adieu, Tabus! – Roaring Twenties

Kellogg's radikale Ansichten kamen glücklicherweise nie im Mainstream an. Bereits nach dem Ende des Ersten Weltkriegs war es zu einem großen Umbruch gekommen: In den »Roaring Twenties« waren die Menschen in der westlichen Welt verständlicherweise hungrig nach Partys, Exzessen und Sex (ein Effekt, den viele Soziologen übrigens auch nach dem Ende der Corona-Pandemie erwarten). Die Angst vor der Inflation, den hohen Reparationsforderungen der Siegermächte und einer insgesamt ungewissen Zukunft saß vielen im Nacken und wurde zunehmend mit einem rauschhaften Lifestyle kompensiert. Vor allem in Berlin ließ man es in den Jahren der Weimarer Republik zwischen 1919 bis 1933 ordentlich krachen. Unsere Hauptstadt avancierte zu einer der liberalsten und aufregendsten Metropolen der Welt – mit unzähligen Cafés, Bars, Kabaretts, Clubs und Stundenhotels, in denen Nachtschwärmer:innen jeder Couleur zusammenkamen, darunter Trans Menschen, Dragqueens und -kings, Nackttänzerinnen, Crossdresser (zum Beispiel Frauen in Frack und mit aufgeklebtem Schnurrbart), Dominas. Die Polizei ließ die queeren Feierwütigen gewähren, obwohl Homosexualität unter Männern damals offiziell verboten war. Aber nachdem Deutschland gerade zwei Millionen Soldaten an der Front verloren hatte und 700.000 Menschen im sogenannten »Steckrübenwinter« (eine Seeblockade Großbritanniens hatte Lebensmittelmangel und Versorgungsprobleme zur Folge) verhungert waren, schienen schwule Liebende ihr geringstes Problem zu sein. Auch Provinzler:innen reisten damals gerne – wie auch heute noch – für einen Kurztrip ins wilde Berlin, um legendäre Nackttänzerinnen wie Anita Berber zu sehen. In den entsprechenden Etablissements trugen die Tourist:innen aber häufig Masken. In den USA etablierten sich parallel sogenannte »Petting Partys«, Zusammenkünfte von kuschelbedürftigen jungen Bohemians, die alles miteinander anstellten, außer Sex zu haben (um nicht schwanger zu werden). Quasi die Vorläufer von Tinder oder den heutigen sexpositiven Partys in Clubs wie »KitKat« oder »Berghain«. Die Leute wollten sich ausprobieren und nach dem Kriegselend das Beste aus ihrer Lebenszeit herausholen! Frauen sagten allmählich dem spießigen »Fräulein Rottenmeier«-Style adieu, schnitten sich buchstäblich die alten Zöpfe ab und trugen stattdessen Bubiköpfe, kürzere Röcke, rauchten, tranken – und genossen es, verschiedene Männer zu daten, ehe sie heirateten. Außerdem durften sie endlich wählen, und dadurch, dass so viele Männer im Krieg gefallen waren, etablierten sich zudem etliche Frauen ganz natürlich in Jobs und Positionen, die zuvor Männern vorbehalten gewesen waren.

»Es war eine Zeit der Entdeckung des eigenen Körpers, man hat sich die Kleider vom Leib gerissen. Und es war auch eine Zeit von Extremen, von Orgien, von Drogen. Das hat für viele heute den Reiz des Verbotenen, der Grenzübertretung, des Ausprobierens und des Vergessens«, erklärt Sigrid Grajek, die sich als Kabarettistin den Goldenen 1920-ern verschrieben hat, im Interview mit »Siegessäule«. Als dann 1933 die Nazis an die Macht kamen, wurde alles, was vom klassischen heterosexuellen Beziehungsmodell abwich, als pervers abgestempelt und verboten. Jegliche emanzipatorische Errungenschaften, die in der Weimarer Republik vorangetrieben worden waren, erstickte Hitler im Keim. Frauen sollten nun vor allem eins tun: Kinder gebären – je mehr, desto besser. Allerdings gab es durch den Krieg bald einen erheblichen Männermangel, weil so viele Soldaten an der Front gefallen waren oder in Kriegsgefangenschaft saßen. Dadurch kam es zu vielen romantischen Liaisons zwischen vereinsamten, liebeshungrigen Witwen und ausländischen Besatzern oder Kriegsgefangenen, die zum Beispiel auf ihren Höfen arbeiteten, wodurch der Anteil an unehelichen Kindern zwischen 1939 und 1946 in die Höhe schoss. »Mindestens 400.000 Kinder wurden aus diesen Begegnungen zwischen einstigen Feinden während der Besatzungszeit bis 1955 geboren«, schreibt Doris Arp für den Deutschlandfunk (Arp, 2015). Zurück blieben die sogenannten »Besatzungskinder«. Die Mütter seien häufig stigmatisiert worden – als »Ami-Liebchen«, »Russenhure« oder »Britenschlampe«. In Frankreich, wo sich ebenfalls unzählige Frauen mit Kriegsgefangenen, die auf ihren Höfen arbeiteten, oder hochrangigen Mitgliedern der Wehrmacht einließen, um sich selbst zu schützen, bezeichnete man diesen Effekt als »horizontale Kollaboration«. Frauen, die mit dem Feind schliefen, wurden mitunter kahlgeschoren, mit Dreck beschmiert und nackt durchs Dorf gejagt, um die »Vaterlandsverräterinnen« zu verhöhnen.

Sexuelle Befreiung, Pillenknick und Deutschlands erster Sex-Guru

Nach dem Ende des Zweiten Weltkriegs nahm die sexuelle Revolution bereits in den häufig als prüde verschrienen 1950er-Jahren rasant an Schwung auf. Durch die Entdeckung des Penicillins bekam man damals nämlich erstmals die tödliche, ansteckende Geschlechtskrankheit Syphilis in den Griff. Großes Aufatmen! Die Patient:innen waren nun behandelbar, und die Seuche, die auf ihrem Höhepunkt im Jahr 1939 in den USA 20.000 Todesopfer gefordert hatte, ebbte allmählich ab. Das führte zu einem völlig neuen Freiheitsgefühl beim Sex, und der Spaß kehrte nach den vielen Jahren des Leids und der Entbehrung nun allmählich auch in die Schlafzimmer der Menschen zurück. Das Ganze wurde ein paar Jahre später durch die Erfindung der Anti-Baby-Pille noch mal auf ein völlig neues Level gehoben: Es wurde nun immer lockerer und offener über Sexualität gesprochen und vieles Althergebrachte infrage gestellt. Frauen setzten sich für das Recht ein, über ihren Körper frei verfügen zu können. Sexualität und Fortpflanzung sollten nicht länger direkt miteinander verknüpft sein, eine selbstbestimmte Familienplanung sollte endlich zur Normalität werden – jetzt, wo die Angst vor einer ungewollten Schwangerschaft wegfiel. Sex konnte mehr denn je genossen werden; Pornos wurden legal und galten als fortschrittlich. Die Leute wollten lernen, wie sie sich gegenseitig Lust bereiten konnten! Das war auch dringend nötig. Kurz zuvor hatten Umfragen noch gezeigt, dass 90 Prozent der Mädchen bloß mit ihrem Freund schliefen, um ihm einen Gefallen zu tun.

Durch die Pille wurden Frauen viel später Mütter, wodurch mehr Zeit für Schule, Studium, berufliche Selbstverwirklichung blieb. Die Zahl der Abiturientinnen und Akademikerinnen stieg Ende der 1960er sprunghaft an. Der »Stern« beschrieb die deutsche Markteinführung der Pille damals als einen »historischen Tag« und »gewaltigen Schritt nach vorn«. Die Katholische Kirche protestierte dagegen und untersagt ihren Anhänger:innen bis heute die Empfängnisverhütung! 1968 verurteilte der damalige Papst Paul VI. die Geburtenkontrolle durch künstliche Verhütungsmittel, diese würde außerehelichen Geschlechtsverkehr befördern und zur »allgemeinen Aufweichung der sittlichen Zucht« beitragen. Auch viele Ärzte warnten in der »Ulmer Denkschrift« von 1964 vor einer »wachsenden Sexualisierung unseres öffentlichen Lebens«. Die Evangelische Kirche hingegen war der Auffassung, dass Sexualität nicht nur auf Fortpflanzung ausgerichtet sei, sondern ein Ausdruck von Liebe, engster körperlicher Zuneigung und Nähe. Deshalb wurde künstliche Verhütung ausdrücklich befürwortet. Immerhin habe Gott den Menschen das Leben geschenkt, um es zu genießen. Und Genuss war schon lange viel zu kurz gekommen.

Noch lange nach dem Zweiten Weltkrieg galt in Deutschland ein erigierter Penis als krankhafte Schwellung, der weibliche Orgasmus als schädlich. Darüber hinaus war man sich nicht zu schade, das alte Märchen vom Rückenmarkschwund oder abfaulende

Freie Liebe war ihr Ding: die 68er-Ikonen Uschi Obermaier und Rainer Langhans.

Händen durch Selbstbefriedigung hervorzukramen. »Sexualität«, so erinnert sich der »Aufklärer der Nation«, Oswald Kolle, in einem Interview mit der Frankfurter Rundschau, »war männlich dominiert und galt als etwas Ekelhaftes und Widerwärtiges, gefährlich wie eine ansteckende Krankheit«. Kolle erklärte den Deutschen dann erstmal, dass Homosexualität etwas ganz Natürliches sei. Daraufhin habe man ihn steinigen wollen. »Man hat mich sogar mit Hitler verglichen«, so Kolle. Sexualität sei etwas gewesen, über das man nicht sprach, derer man sich schämte und die es vor Kindern und Jugendlichen zu verbergen galt, erinnert sich auch die Journalistin Ulrike Heider im Interview mit der Deutschen Welle. Sie war selbst Protagonistin der Studentenrevolte um 1968. Klare Geschlechterrollen und romantisierte Häuslichkeit seien der Versuch gewesen, das Leben nach dem Zweiten Weltkrieg wieder in geregelte Bahnen zu lenken. Alles sollte möglichst unauffällig erscheinen. »Meine Mutter erwartete von mir, mit spätestens Ende 20 einen wohlhabenden Arzt oder Rechtsanwalt zu heiraten, Kinder zu bekommen und ein Haus zu bauen (auf einige Eltern trifft das bis zum heutigen Tag auf ihre Töchter zu). Als sie herausfand, dass ich – mit immerhin 21 Jahren – Sex mit meinem ersten Freund hatte, nannte sie mich ein ›Flittchen‹.« Aber der Fortschritt und eine damit einhergehende neue sexuelle Freizügigkeit waren nicht mehr aufzuhalten. Die jungen Revolutionäre an den Unis hätten die traditionelle Ehe und Familie durch neue, menschlichere Beziehungen, Liebesformen und Sexualbegegnungen ersetzen wollen, beschreibt es Ulrike Heider. In Arbeitsgruppen wurde offen über sexuelle Praktiken und Probleme diskutiert. Das Sex-Tabu war gebrochen! »Hier versuchte eine Generation zu zeigen, dass sie anders war als all diejenigen, die sich am größten Verbrechen der Menschheitsgeschichte beteiligt hatten«, schreibt Margarete Stokowski in »Untenrum frei« (Stokowski, 2018). Sprüche wie »Make love, not war« sollten klarmachen, dass Sex das Gute sei, das man nun befreie, um gegen das Böse vorzugehen. Das Vergnügen stand wieder im Vordergrund, konservative Ideale waren out. Das hatte nicht nur Vorteile: »Wer zweimal mit derselben pennt, gehört schon zum Establishment« lautet ein bekannter Satz, der Frauen damals unter Druck setzte. Wer nicht als verklemmt abgestempelt werden wollte, hatte sexuell frei verfügbar und aufgeschlossen zu sein. Das Gegenteil von Slutshaming sozusagen. Zum Glück gab es Oswald Kolle, der mit seinen Filmen über sexuelle Aufklärung zuerst den Deutschen und später der ganzen Welt erklärte, wie guter Sex geht. »Herr Kolle, Sie wollen wohl die ganze Welt auf den Kopf stellen, jetzt soll sogar die Frau oben liegen!«, lautete der berühmte Satz eines Zensors. Kolles Videos, in denen Genuss und Gleichberechtigung im Fokus standen, wurden weltweit von 140 Millionen Menschen gesehen! Lust und Bedürfnisse waren kein Tabu mehr, die Leute hatten Spaß an Sex – jetzt, wo sie wussten, wie es richtig ging und wie sie sich dabei schützen konnten.

Blieb das Sexleben jedoch unerfüllt – obwohl einem jetzt alle Möglichkeiten offenstanden – dann wurde das von einigen als Scheitern empfunden, weiß die Geschlechterforscherin Imke Schmincke. Daran hat sich bis heute nichts geändert. Es sei dieser Tage ein »verinnerlichter Zwang, eine gute, erfolgreiche Sexualität« haben zu müssen. Die Todsünde Wollust hat sich damit ins Gegenteil gekehrt: Das größte Makel in unserer modernen, übersexualisierten Gesellschaft ist ein ödes, verklemmtes oder nicht (mehr) existentes Sexualleben.

Selbstoptimierung als Lustkiller

Paradoxerweise ist es in unserer heutigen Gesellschaft, die mehr denn je auf Selbstoptimierung und Perfektionswahn ausgerichtet ist, fast schon selten geworden, dass man mal über die Stränge schlägt. Die Leute veranstalten »Sober Partys« (ohne Alkohol), praktizieren Dinner Cancelling (ohne Abendessen) oder Clean Eating (ohne Sünde). Es gehört Mut dazu, heute noch offen zuzugeben, wenn man mal Bock auf einen Big Mac hat. Oder darauf, sich mal gepflegt zulaufen zu lassen. Stattdessen postet man brav Schnappschüsse von grünen Smoothies und Yoga-Posen in den sozialen Medien.

Der Philosoph Robert Pfaller glaubt, dass Lustvermeidung und Askese Ausdruck unserer neoliberalen Kultur sind. Und Menschen häufig dazu neigten, es zu übertreiben, ganz nach dem Motto: Wenn ich auf tierische Produkte verzichte, kann ich auch gleich Zucker, Koffein, Kohlenhydrate und Gluten weglassen. Dadurch würden wir allerdings die Balance verlieren. »Es gibt Zeiten für alles – exzessive Partys, Ruhe, feiern, faulenzen, Liebe, Sex, gutes Essen, fasten, viel arbeiten, Pause machen«, sagt die Psychologin Sandra Jankowski. Es sei sogar gesund, ab und zu mal alle Konventionen über den Haufen zu werfen und »ordentlich auf die Kacke zu hauen«. Nicht umsonst galt schon in alttestamentarischer Zeit ein maßvoller Rausch als Quell der Fröhlichkeit (Gen 43,34).

Allerdings belegte die »Freizeit-Monitor 2019«-Studie allen Ernstes, dass die Deutschen – mehr als 50 Jahre nach der sexuellen Revolution und rund 80 Jahre nach den Wilden Zwanzigern – nahezu verlernt haben zu genießen und auch immer weniger Sex haben. Schuld ist u. a. das vermaledeite Smartphone, auf das Nutzer:innen weltweit durchschnittlich 3,7 Stunden am Tag starren – statt dem oder der Liebsten in die Augen. Viele denken heute, sie müssten jeden Moment sinnvoll und produktiv nutzen, das Beste aus sich herausholen und sich auch gleich noch ansprechend in den sozialen Medien präsentieren. Dabei vergessen sie völlig, den Moment und eben auch ihre Sexualität zu leben.

Rollenklischees und Slutshaming: die Nachwehen der Todsünde

Die Lust beeinflusst bis heute unbewusst unser Denken und Handeln. Wenn wir nach einem One-Night-Stand mit zerzausten Haaren und ungeputzten Zähnen nach Hause laufen, nennen wir das scherzhaft »Walk of Shame«, Weg der Schande (diese Bezeichnung spricht bereits für sich). Egal, wie gut wir uns während einer leidenschaftlichen, erfüllenden Nacht mit einem Objekt unserer (kurzfristigen) Begierde auch fühlen mögen, früher oder später meldet sich bei vielen – meist als Begleiterscheinung des morgendlichen Katers – dieses komische Ziehen im Bauch, das Gefühl, etwas Unmoralisches, Böses getan zu haben. Anonymer, spontaner Sex. Wie unbeherrscht! In unserem Kopf zischelt es: »Schlampe« (gilt selbstredend für alle Geschlechter), »leicht zu haben«, »billig«. Wir betreiben quasi Slutshaming mit uns selbst. Oftmals stecken die Gründe dafür tief in uns, sie haben mit unserer Sozialisierung zu tun, und damit, welches Frauenbild uns von unserem Umfeld vermittelt wurde. Und das ist eben manchmal eher lustfeindlich.

»Eine Frau, die promiskuitiv ist, will keiner haben«, bringt es Katja Lewina in »Sie hat Bock« auf den Punkt. »Schließlich hängt ihr Wert davon ab, wie viele Schwänze sie *nicht* in sich hatte.« Dahinter steckt bei manchen Männern die unbewusste, oftmals tief verankerte Angst, niemals wirklich sicher sein zu können, ob ein Kind auch wirklich von ihnen ist. Mit einer Jungfrau wiegen sie sich in Sicherheit. Sie selbst wachsen umgekehrt häufig mit der Vorstellung auf, dass ein »echter Mann« (was auch immer das sein soll) immer Lust auf Sex haben darf, soll und muss. Sie sind quasi evolutionsbiologisch darauf programmiert, ihren »Saft so weiträumig wie möglich zu verspritzen«, beschreibt es Katja Lewina herrlich treffend. Das setzt viele enorm unter Druck. Und es gibt immer mehr Männer, die gegen solche konservativen Rollenklischees und toxische Männlichkeit rebellieren, indem sie ihre sanfte, verletzliche Seite betonen und sich bewusst »weiblich« geben.

Die Grenze zwischen den Geschlechtern verschwimmt also immer mehr und dadurch werden ständig neue Typen und sexuelle Orientierungen sichtbar. Auf den internationalen roten Teppichen kreuzten 2020/2021 plötzlich berühmte Männer wie Harry Styles, Jared Leto oder Bill Kaulitz in Kleidern oder mit Ohrringen oder Stilettos auf. Der Trend heißt »Gender Fluidity«. Jede:r kann sich heute inszenieren, wie sie oder er möchte. Im Fall von Styles, Kaulitz und Leto etwa weiß niemand so richtig, ob sie nun hetero- oder bisexuell sind. Es bleibt ihr Geheimnis. Das Spiel mit den Zwischenwelten, den vielen verschiedenen Farben des Regenbogens, macht sie mehr denn je zu faszinierenden Sexsymbolen – für alle.

Die Frau als Sündenbock

Sie war 22, es war ihr erster Job nach dem College, und sie ließ sich auf eine Affäre mit ihrem deutlich älteren Chef ein, die zwanzig Monate dauerte. Nicht sonderlich spektakulär, könnte man meinen. Jede:r fünfte Deutsche hatte schon mal eine Beziehung am Arbeitsplatz. Aber in diesem Fall war alles anders, denn es handelte sich bei dem Chef um den damals mächtigsten Mann des Planeten – US-Präsident Bill Clinton.

....

»Monicagate«

»Sicher, mein Chef hat mich ausgenutzt, aber ich werde immer dabeibleiben: Es war eine einvernehmliche Beziehung. Der ›Missbrauch‹ kam erst im Nachhinein, als ich zum Sündenbock wurde, um seine Machtposition zu schützen.« So beschrieb Monica Lewinsky 2014 in einem Artikel für *Vanity Fair* ihre Affäre, die 1995 begann. Damals, ein Vierteljahrhundert vor *#metoo*, brach ein medialer Shitstorm über die junge Frau herein, als die Affäre aufflog. Eine »Freundin« hatte ein Gespräch heimlich mitgeschnitten und der US-Presse zugespielt. Danach brach ein Orkan an Beleidigungen, Häme und Erniedrigungen über Lewinsky herein. Jedes Käseblatt, jede Late-Night-Show, jede:r Komiker:in von Bielefeld bis Timbuktu schlachtete die schlüpfrigen Einzelheiten des Skandals aus. Monica Lewinsky wurde dabei selbst von seriösen Medien wie der New York Times als »Flittchen«, »Vollidiotin«, »Blow-Job-Queen« oder »Sexbestie« an den Pranger gestellt. Ihr Gesicht wurde in unzähligen Cartoons verewigt, immer wieder wurde sie öffentlich als »fett« bezeichnet. Ihr Name kommt bis heute in über 200 Rap-Songs vor und muss nach wie vor für sexistische Witze herhalten. Und Clinton? In seiner Welt zählte Oralsex nicht als Sex, weshalb er sich unter Eid zu dem folgenden, weltberühmten Satz hinreißen ließ: »Ich hatte kein sexuelles Verhältnis mit dieser Frau.« Übrigens waren damals laut einer Umfrage 51 Prozent der Amerikaner derselben Ansicht: Nur penetrativer Sex zählt als *echter* Sex. Nach außen hin sah es dadurch für viele damals so aus, als würde Lewinsky sich nur wichtigmachen und dem Präsidenten aus Rache für seine unerwiderte Liebe schaden wollen.

Wenig verwunderlich also, dass Lewinsky, die heute als Psychologin arbeitet, eine posttraumatische Belastungsstörung davontrug und wiederholt über Selbstmord nachdachte. Clinton durfte damals im Amt bleiben, obwohl er unter Eid gelogen (Weil Oralsex natürlich richtiger Sex ist, man. Was denn sonst?!) und seine Machtposition gegenüber einer ihm untergebenen Person ausgenutzt hatte. »Ich habe mir gedacht, das ist etwas, das meinen Kopf für einen Weile freimachen wird«, begründete er Jahre später in einem TV-Interview seine Verfehlung und erfreut sich kurioserweise bis heute großer Beliebtheit. Nicht so Monica Lewinsky, die nach wie vor Probleme hat, Jobs zu finden. Die Leute hätten nie aufgehört, sie als »das Flittchen aus dem Weißen Haus« zu sehen, sagt sie. Hätte es damals schon die *#metoo*-Bewegung gegeben, wäre die damals 22-Jährige sicherlich als das Opfer in einer toxischen Liaison mit einem Vorgesetzten gesehen worden, der sie sexuell ausgebeutet hat. Stattdessen wurde die junge Frau damals von der Weltöffentlichkeit geshamed und gezwungen, sich eine neue Existenz aufzubauen, während Clinton einfach weiterregieren konnte.

....

Als der »Monicagate« 1998 passierte, war ich elf Jahre alt und gerade mit meinen Eltern im Cluburlaub auf Gran Canaria. Tagelang kriegte man die Gesichter der Erwachsenen am Pool nicht zu Gesicht, weil sie alle hinter ihren Zeitungen klebten. Kein Wunder, denn Clintons Gegner:innen nutzten damals jedes noch so schmutzige Detail der Affäre, um ihn als Lügner und Ehebrecher bloßzustellen. Wer kam wie oft, auf welche Weise und wohin? Wie sahen die Geschlechtsteile der Beteiligten aus? Welche Abläufe wurden gepflegt, welches Kleidungsstück wurde an welcher Stelle mit Sperma befleckt? Präzise beschrieb die Weltpresse damals

Hatten zusammen die berühmteste Affäre der Welt: Monika Lewinsky und Bill Clinton.

über viele Monate hinweg jede private Einzelheit der teilweise superprominenten Beteiligten. So etwas hatte es bis dato noch nicht gegeben, und es befriedigte den Voyeurismus vieler Menschen.

Die amerikanischen TV-Sender berichteten in jenen Wochen mehr über den »Monicagate« als über alle weltweiten Krisen und Katastrophen zusammen. Monica Lewinsky schrieb später Artikel und hielt Vorträge über den Skandal, u. a. mit dem Titel »Der Preis der Scham«. 2018 bewertete sie die Affäre noch mal neu als »Missbrauch von Autorität, Posten und Privilegien«.

Die Frau als ewige Sünderin. Da haben wir es wieder. Kein Wunder also, dass sich die Schauspielerin Rose McGowan angesichts des »Monicagate« erst 20 Jahre, nachdem sie von dem mächtigen Filmmogul Harvey Weinstein vergewaltigt worden war, traute, damit an die Öffentlichkeit zu gehen. Oft ernten Frauen, die mit solchen Anschuldigungen kommen, Hass und Häme statt Mitgefühl und Unterstützung, so auch die Comedienne Ines Anioli, die ihrem Ex-Freund Luke Mockridge Vergewaltigung vorwirft, was er bestreitet. Das Verfahren wurde mittlerweile aus Mangel an Beweisen eingestellt. Im Netz wird sie seither mit Hass-Nachrichten bombardiert. Anioli sagt, sie sei in den Augen ihrer Zweifler:innen kein »gutes Opfer« gewesen, weil sie gerne in Unterhosen auf Instagram tanze. Dabei habe sie nur versucht, irgendwie weiterzumachen. Leider ist Victim blaming heute an der Tagesordnung. Ein Satz, den viele Frauen sicherlich schon mal so oder ähnlich gehört haben, lautet: »Wenn du dich SO anziehst, musst du dich auch nicht wundern, wenn du …« WAS? Vergewaltigt wirst?! Eine völlig absurde, menschenverachtende Täter-Opfer-Umkehr, die 2011 sogar von einem kanadischen Polizisten als »Präventionsmaßnahme« gegen sexuelle Übergriffe in einer Universität empfohlen wurde: »Frauen sollten sich nicht wie Schlampen kleiden, um nicht schikaniert zu werden.« Jap, diesen Satz haute der Beamte damals einfach mal so raus. Frauen auf der ganzen Welt gingen daraufhin selbstredend auf die Barrikaden, schlossen sich aus Solidarität mit Opfern sexualisierter Gewalt zu sogenannten »Slutwalks« zusammen und demonstrierten in betont aufreizender Kleidung oder sogar oberkörperfrei auf den Straßen gegen vorherrschende Stereotype und Denkweisen zu »Opferschuld«. Ihre Botschaft: Jede:r hat das Recht, sich so anzuziehen, wie sie oder er es gerne möchte, ohne dadurch Gefahr laufen zu müssen, belästigt oder vergewaltigt zu werden. Viele Prominente unterstützten die Organisatorinnen.

Incels – sexuell frustriert und gefährlich

Frauen, die selbstbewusst ihre Sexualität genießen und frei darüber entscheiden, mit wem sie was wann tun, sind ihnen ein Dorn im Auge: den Incels. Ein anderes Extrem. Gefährliche Randgruppe. Exoten ihres Geschlechts. Männer, die unfreiwillig zölibatär leben, weil sie keine Partnerin finden – und sich darüber in blindem Hass, speziell in den sozialen Medien, gegenüber all jenen verlieren, die in der Lage sind, glückliche Partnerschaften zu führen oder einfach nur sexuell attraktiv sind. Incels sind überzeugt davon, dass sie all das nicht haben können.

Ungerechterweise werden männliche Jungfrauen in westlichen Hemisphären häufig als Loser abgestempelt. So wie es in der Komödie »Jungfrau (40), männlich, sucht… « mit Steve Carell dargestellt wird. Dort gibt es jedoch ein Happy End für die trottelige, schüchterne Hauptfigur, der bloß jemand auf die Sprünge helfen musste, um eine Partnerin zu finden. Im wahren Leben sind Männer, die – krass formuliert – keiner haben will (oder die sich einreden, dass sie keiner haben will), die Verlierer der sexuellen Revolution und Emanzipation. Seit Frauen nicht mehr darauf angewiesen sind, einen Ehemann und Versorger an ihrer Seite zu haben und frei entscheiden können, mit wem sie wann was machen, sind einige auf der Strecke geblieben.

Das führt bei manchen Männern zu einem irrationalen Hass auf alle Menschen, die attraktiv, in einer Partnerschaft leben und sexuell aktiv sind. Die Incels (steht für »involuntary celibate men«, also für unfreiwillig zölibatär lebende Männer) haben keinen Sex, weil es ihnen nicht gelingt, emotionale oder sexuelle Beziehungen zum anderen Geschlecht aufzubauen. Ihre Lust kann sich deshalb nicht frei entfalten und gedeiht zu etwas Destruktivem heran. Incels glauben, dass Frauen nur auf Männer stehen, die bestimmte »männliche« Merkmale (z. B. breite Schultern, große Statur) haben. Sie selbst halten sich für hässlich, nicht liebenswert, und haben resigniert, glauben jedoch an ein grundsätzliches Recht auf Sex. Im Internet entladen Incels ihren Frust und würgen jede Diskussion über weibliche Macht oder Errungenschaften sowie jede Kritik an patriarchalen Strukturen ab. Selbstbewusste, attraktive Frauen überhäufen sie im Netz häufig mit Hasskommentaren. Betroffenen Frauen hilft es, sich darüber im Klaren zu sein, wer dahintersteckt und was die Beweggründe sind, um derlei Angriffe nicht persönlich zu nehmen.

Die Theorie der Incels: Je freier Frauen bei der Partnerwahl sind (und oft auch: je mehr Ausländer ins Land kommen), desto mehr (hässliche) Männer bleiben »übrig«. Untereinander ermutigen sie sich mitunter zum Selbstmord oder machen sich auch noch gegenseitig runter. In einschlägigen Internet-Foren überbieten sich Incels gegenseitig mit selbstmitleidigem Gejammer, menschenverachtenden Kommentaren und Gewaltfantasien. Dieser Hass auf Frauen gipfelt bei einigen sogar in Mordfantasien – und tatsächlichen Massenmorden: 2014 erschoss der 22-jährige Elliot Rodger in der Universität von Santa Barbara in Kalifornien sechs Menschen und verletzte 14 weitere, um sich für sein unfreiwillig zölibatäres Leben zu rächen. Weil Incels sich nicht paaren und fortpflanzen können, wie sie es sich wünschen, löschen sie anderes Leben aus.

Unterdrückung der weiblichen Lust

Auch die kommerziell erfolgreichste Rapperin aller Zeiten, Nicki Minaj, ist vermutlich für viele Incels ein solches Feindbild. Sie zeigt sich ihren 178 Mio. Followern bei Instagram (Stand: Januar 2022) und in ihren Musikvideos gerne ultrafreizügig und -sexy. Minaj, der Kunstfigur, ist es ein wichtiges Anliegen, gegen konservative, misogyne Genderklischees anzukämpfen, die bis heute in vielen Menschen tief verankert sind. Nicki Minaj rebelliert dagegen, indem sie etwa in einem Song darüber rappt, mit welchen männlichen Rappern sie *keinen* Sex haben will oder indem sie sich bei Twitter auf humorvolle Weise darüber auslässt, wie oft sie »es« in der Nacht braucht. Damit triggert die 39-Jährige bei manchen Männern die tief sitzende Angst, dass sie ihre Privilegien abgeben und sich den (sexuellen) Wünschen von Frauen anpassen müssen. Einer von vielen Gründen, weshalb Menschen bereits vor vielen Jahrtausenden auf die Idee kamen, Frauen ihr Lustorgan, die Klitoris, herauszuschneiden.

Ein Papyrus aus dem Jahr 163 v. Chr. belegt, dass Frauen bereits vor der Entstehung der großen monotheistischen Weltreligionen beschnitten wurden. Es geschieht bis heute. Jährlich sind aktuell 4,1 Millionen Mädchen von Genitalverstümmelung betroffen, schätzt die UN. Wenn nichts passiert, wird die Zahl bis 2030 auf ca. 4,6 Millionen steigen. Durch Migration wird weibliche Genitalverstümmelung (Female Genital Mutilation, kurz FGM) weltweit und auch in Deutschland praktiziert. Hierzulande sind derzeit rund 20.182 Mädchen von dieser grausamen Form der geschlechtsspezifischen Gewalt bedroht und 74.899 Frauen direkt betroffen. Das ging 2020 aus der Dunkelzifferstatistik von »Terre des Femmes – Menschenrechte für die Frau e. V.« hervor.

Einer von vielen komplexen Gründen für FGM ist der Versuch, die Libido der Frau zu kontrollieren, damit der Mann sichergehen kann, dass der Nachwuchs von ihm ist. Der erlebte Schmerz soll die Frauen außerdem passiv, gehorsam und anspruchslos machen. Dort, wo FGM praktiziert wird, ist der Status der Frau in der Regel eine Abhängigkeit von ihrem Ehemann. Für beschnittene Mädchen wird ein höheres Brautgeld gezahlt, die Heiratschancen sind besser. Die Ehre des Mädchens und ihrer Familie hängt davon ab, ob sie Jungfrau und genitalverstümmelt ist. Auch wenn ihr dadurch in vielen Fällen die Möglichkeit genommen wird, eine lustvolle Sexualität zu leben. »FGM ist ein besonders gefährliches Symptom von immer noch bestehenden patriarchal geprägten Gesellschaften weltweit«, sagt Sonja Störmer, Referat Weibliche Genitalverstümmelung bei Terre des Femmes. Fakt ist aber: Keine religiöse Schrift der Welt ruft zur weiblichen Genitalverstümmelung auf. Vielmehr basiere die Tradition auch auf medizinischen Mythen, etwa, dass ein Baby sterbe, wenn es die Klitoris berühre, Männer impotent würden, oder dass diese immer weiterwachse, bis aus ihr in Penis werde, wenn man sie nicht beschneidet.

Beides, die Freiheit einer Nicki Minaj oder die fehlende Freiheit einer Frau mit FGM, sind Zeichen einer Gesellschaft, deren Umgang mit weiblicher Lust nach wie vor von Männern kontrolliert werden will.

Hi, my name is Clit!
Orgasm-Gap, Selfsex & neosexuelle Revolution

Ein Studie, die 2020 im Fachmagazin »Archives of Sexual Behaviour« veröffentlicht wurde, zeigt, dass drei von vier Frauen schon einmal einen Orgasmus vorgetäuscht haben. Für die Untersuchung wurden 463 heterosexuelle Frauen im Durchschnittsalter von 38 Jahren befragt. »Frauen, die Schwierigkeiten hatten, zum Höhepunkt zu kommen, und solche, die vermuteten, dass ihr

Partner sie betrogen hatte, neigten am ehesten zum Vortäuschen eines Orgasmus«, erklärt Studienautorin Dr. Emily Harris von der Queens University in Kanada. Außerdem würden Frauen, die sexuell eher unsicher sind, häufiger flunkern. Ihnen falle es schwerer, offen mit dem Partner über das Thema Sexualität zu sprechen. Eine Studie, die 2005 im »New Scientist« vorgestellt wurde, ergab, dass gerade mal 14 Prozent der befragten Frauen immer beim Geschlechtsverkehr zum Höhepunkt kommen. 16 Prozent gaben an, nie zu kommen, und 32 Prozent erlebten beim Koitus nicht häufiger als jedes vierte Mal einen Orgasmus.

Manche Frauen kommen grundsätzlich eher durch Selbstbefriedigung, wollen die Gefühle ihres Partners aber nicht verletzen – und täuschen ihm zuliebe den Orgasmus vor. Nina Hagen fühlte sich bereits 1979 in der österreichischen Talkshow »Club 2« dazu berufen, der Fernsehnation zu zeigen, wie frau über die direkte Stimulation der Klitoris zum Orgasmus kommen kann. In konservativer Runde sagte sie: »Wenn wir auf unsere Mütter und Väter gehört hätten, hätten wir heute noch immer keinen Orgasmus.«

Madonna tat es Nina Hagen 1990 gleich, als sie auf der Bühne ihrer »Blonde-Ambition-Tour« so tat, als würde sie sich selbst befriedigen. Die Reaktionen: Der Papst forderte Madonna-Boykott; in Kanada drohte man ihr mit Verhaftung. Acht Jahre später startete bereits die sexpositive, neo-feministische Serie »Sex and the City« im Fernsehen, die sich mit der Lust (und dem Bett-Frust) moderner Frauen noch weitaus eingehender beschäftigt und damit den Nerv von Millionen Frauen auf der ganzen Welt traf. Trotzdem scheint es so, als sei der Fakt, dass 70 bis 80 Prozent aller Frauen ausschließlich klitoral kommen können, immer noch nicht im (männlichen) Mainstream angekommen zu sein.

Dafür gibt es einen einfachen Grund: In vielen Anatomiebüchern taucht die Klitoris schlichtweg nicht auf. Ihre Form wird oft nur als klitzekleiner Knubbel dargestellt. Dabei ragt das Lustorgan rund zehn Zentimeter tief ins Körperinnere der Frau hinein. Diese Entdeckung wurde erst 1998 von der australischen Chirurgin Helen O'Connell gemacht und veröffentlicht. Über Jahrhunderte hinweg war die Klitoris im medizinischen und dementsprechend natürlich auch im gesellschaftlichen Diskurs überhaupt kein Thema. Ein Umstand, den die Frauenrechtsaktivistin Rebecca Chalker zu Recht als »einen der größten Diebstähle der Geschichte« bezeichnet.

Eine Mitschuld trägt Sigmund Freud, der Begründer der Psychoanalyse, der den klitoralen Orgasmus als »unreif« einstufte. Über sensationelle 100 Jahre hielt sich seine absurde Theorie, dass nur Frauen, die psychisch und physisch »normal« entwickelt waren, zu vaginalen Orgasmen in der Lage seien. Wer ausschließlich klitoral kam, wurde als mental unzurechnungsfähig, ja, »geisteskrank« abgestempelt. »Die äußeren, klitoralen Empfindungen wurden entwertet, als zweitrangig, zufällig oder neurotisch erklärt, was die Männer dann immer wieder als Argument benutzt haben, um sich mit ihren eigenen Wünschen durchzusetzen und um jeden möglichen Anspruch der Frauen auf eigene Lust auszuschließen«, bringt es Christiane Olivier in »Jokastes Kinder« auf den Punkt.

Dabei ist bereits in dem uralten indischen Erotik-Lehrbuch Kamasutra, welches um 250 n. Chr. verfasst wurde, der Hinweis zu finden, dass sich ein guter Liebhaber zuerst darum kümmern solle, dass seine Partnerin auf ihre Kosten – durch Liebkosung der Klitoris – kommt, ehe er in sie eindringt. Chapeau kann man dazu nur sagen!

Etwa ein Viertel aller Frauen haben übrigens das große Glück, dass ihre Klitoris größer ist oder näher am Scheideneingang liegt und dadurch besser durch Penetration stimuliert werden kann. Doch statt in diesem Punkt für eine flächendeckende, rechtzeitige

Pornöses Kunstwerk in einem hinduistischen Tempel in Khajuraho

Aufklärung zu sorgen und einfach mal die Fakten auf den Tisch zu legen, wurde der weibliche Intimbereich in unserer patriarchalen, kapitalistisch geprägten Gesellschaft leider viel zu lange zu einer Art »Problemzone« erklärt, die es zu optimieren gilt. Nicht umsonst lassen sich immer mehr verunsicherte, schlecht informierte Frauen die Klitoris mit Hyaluronsäure aufspritzen – für angeblich bessere Orgasmen – oder die Vagina verengen für angeblich mehr Gefühl beim Sex.

All das war für mich im Jahr 2014 Anlass genug, ein Buch über genau dieses Thema zu schreiben, nämlich den gestohlenen weiblichen Orgasmus. Dafür sammelte ich alle Studien und wissenschaftliche Erkenntnisse rund um das Thema weiblicher Orgasmus und verwob sie zu einer unterhaltsamen Geschichte. Ehe ich auf die Idee kam, ein ganzes Buch über das Thema zu schreiben, schlug ich das Thema Orgasm-Gap in der Redaktion des Unterhaltungsmagazins, für das ich damals arbeitete, vor. Es war mir ein inneres Bedürfnis, mit Mythen rund um (weibliche) Sexualität aufzuräumen, damit weniger Druck und Selbstzweifel in den Schlafzimmern herrschten. Das Thema wurde jedoch abgeschmettert. »Das will doch keiner lesen«, meinte meine Chefredakteurin. »Orgasmusprobleme sind so unsexy.« Auch sie stigmatisierte auf diese Weise das Thema. Denn es gab ja kein »Problem« – bloß zu wenig richtig gute, mainstreamige Aufklärung! Ich war enttäuscht und wütend und vereinbarte dennoch einen Interviewtermin mit einer Sexualtherapeutin, um meinen Fragen weiter nachzugehen. Und offenbar hatte diese Dame ihren Beruf verfehlt, denn sie wollte mir – in bester Freud'scher Manier – doch glatt verklickern, dass hinter »solchen sexuellen Störungen«, wie sie es formulierte, also wenn eine Frau nicht allein durch Rein-Raus-Sex kommen kann, oft tiefsitzende, sexuelle Blockaden oder psychische Probleme steckten. WTF?! Da war ich mit meinen Recherchen bereits weitergekommen als sie. Angetrieben von dem unbedingten Wunsch, für *echte* Aufklärung zu sorgen, stürzte ich mich in den darauffolgenden Monaten in weitere Recherchen und trug die Ergebnisse in einem Buch zusammen. »Achtung, ich komme! – In 80 Orgasmen um die Welt« wurde zum Bestseller. Der Beweis, dass ich den Nerv getroffen hatte. Das war 2015. Heute herrscht zum Glück ein neuer Zeitgeist. Rund 72 Prozent der Hetero-Frauen nutzen mittlerweile beim Solo-Sex Sexspielzeug. Niemand möchte mehr auf Orgasmen verzichten und ist sogar bereit, viel Geld dafür auszugeben. Deshalb boomen Start-ups von Frauen, die z. B. erotische Hörbücher oder Pornos von weiblichen Regisseurinnen vertreiben. Tabus und Stigmatisierung sind out, kaum jemand lässt sich noch von irgendwem erzählen, sie oder er sei nicht normal oder gut und richtig, so wie sie oder er geboren wurde. Bodypositivity und Diversity sind die neuen Religionen. Es wird sich vehement und intelligent gegen herrschende Ungerechtigkeiten, Unterdrückung, Sexismus und Misogynie zur Wehr gesetzt.

»Wet Ass Pussy« – feministischer, sexpositiver Rap

»Du fi**st mit einer arschnassen Pussy«, rappen Cardi B. und Megan Thee Stallion in ihrem Megahit »WAP« (steht für »Wet Ass Pussy, zu Dt.: »krass feuchte Muschi«), der 2019 alle möglichen Rekorde brach. Wer das dazugehörige Video zum ersten Mal sieht, fällt vermutlich erstmal rückwärts vom Stuhl – entweder, weil es ihn wahnsinnig abstößt, verstört, amüsiert oder anmacht. Oder alles gleichzeitig. Drei Minuten lang besingen die Künstlerinnen explizit ihre sexuellen Vorlieben und schildern sehr anschaulich, wie feucht ihre Vulven seien – nämlich derartig NASS, dass man einen WISCHMOB bräuchte, um hinter ihnen aufzuwischen, und jemand doch bitte mal seine NASE durch die »Wet Ass Pussy« hindurchziehen sollte, wie eine KREDITKARTE (einige mögen bereits jetzt das Verlangen nach einer Zigarette danach verspüren). Dazu präsentieren sich Cardi und Megan zusammen mit prominenten Gaststars wie Kylie Jenner in verschiedenen Räumen einer Villa, räkeln sich lasziv auf plüschigen Sofas und tragen Kleider mit Löchern, aus denen ihre riesigen, wackelnden, operierten Brüste herausspringen. An den Wänden hängen vergoldete Hinterteile und Busen, aus deren Nippeln Wasser spritzt. Das Ganze ist ein derartiger Overkill an sexuellen Reizen, Leo-Prints, rosa Plüsch, Zungen, Ärschen, Extensions und Gelnägeln, dass einem ganz schwindelig wird. »WAP« wurde innerhalb der ersten Woche nach der Veröffentlichung so oft geschaut wie noch kein anderes Video zuvor.

In den USA war der Clip ein Riesenskandal, überall auf der Welt wurde darüber diskutiert: Ist das jetzt gut für uns Frauen – so von wegen Gleichberechtigung – oder doch eine Spur zu krass?! Pure Heuchelei, wo uns doch männliche Rapper seit Jahrzehnten mit ihren frauenverachtenden, sexistischen Texten auf die Nerven gehen. Konservative Stimmen in den USA forderten dennoch ein Verbot von »WAP«. Der republikanische Politiker James P.

Bradley twitterte: »Cardi B und Megan Thee Stallion zeigen, was passiert, wenn Kinder ohne Gott und ohne eine starke Vaterfigur aufwachsen. Als ich – versehentlich – ihren neuen Song hörte, wollte ich mir heiliges Wasser in die Ohren spritzen, und ich habe Mitleid mit künftigen Mädchengenerationen, wenn das ihre Rollenvorbilder sind.« Die Gegenseite bezeichnet »WAP« als ein Symbol für Female Empowerment: Frauen, die gerne Sex haben und das auch kommunizieren, seien klar als fortschrittlich zu bewerten. I agree (wenngleich mich die brachial-sexuelle Ästhetik des Videos selbst eher abstößt). Vielleicht lieferte Cardi B. selbst am Ende die beste Einordnung ihres Welthits: Frauen, die ihre Songs hören, sollen sich als »bad bitch« fühlen, wie sie selbst – als eine Frau, die, ohne sich entschuldigen zu müssen, selbst weiß, was sie tun möchte. Auch beim Sex. Dagegen ist absolut nichts einzuwenden.

Trotzdem wird in der Musikindustrie immer noch mit zweierlei Maß gemessen. Männliche Rapper feiern seit Jahrzehnten mit frauenfeindlichen, sexistischen Texten, die vor Gewalt- oder Vergewaltigungsfantasien strotzen, gigantische Erfolge – und niemand unternimmt wirklich etwas dagegen. Deshalb werden Farid Bang, Gzuz, Jay-Z, Lil' Wayne, Bushido, Sido, King Orgasmus One und wie sie alle heißen wohl auch weiterhin Unmengen an Kohle damit scheffeln, Frauen verbal herabzuwürdigen. Cardi B. und Megan Thee Stallion konzentrieren sich in »WAP« auf die schönen Seiten der Sexualität: die Befriedigung ihrer Bedürfnisse, ihre Orgasmen, die vollkommene sexuelle Selbstermächtigung – und ecken damit kurioserweise genauso oder noch mehr an als Gzuz und Co., eben weil sie Frauen sind. Vielleicht fühlen sich einige männliche Zuhörer gerade deshalb so sehr von »WAP« provoziert, weil es zwar um Sex und Befriedigung geht, aber dabei völlig egal ist, ob ein Mann mit dabei ist oder nicht. Diese dürfen den wollüstigen Rapperinnen lediglich beim Kommen assistieren.

Übrigens: Bereits Lil' Kim rappte in ihrem 2000er-Hit »How many licks« (den ich auf Maxi-CD hatte, aber wenig vom Text verstand) detailliert über ihre Vorliebe für Oralsex und Sex mit vielen unterschiedlichen Männern. Im dazugehörigen Video ist die Künstlerin als Sexpuppe verkleidet. Schon damals wurde wild diskutiert: vulgäre Objektifizierung oder weibliche Selbstermächtigung? Antwort: Kunst darf alles.

Was richten Mainstreampornos an?

Um selbstbewusst, frei und mit sich und der eigenen Sexualität im Reinen zu sein, ist es für die meisten von uns ein langer, steiniger Weg. In der Pubertät denken viele junge Frauen oft, dass sie in erster Linie »geil« aussehen müssten, um so beliebt und erfolgreich zu werden wie ihre vermeintlich perfekten Vorbilder im Fernsehen, in den Magazinen, auf Social Media. Sie wollen gefallen. Deshalb neigen sie dazu, ihre ersten sexuellen Erfahrungen damit zu verderben, indem sie erstmal – auf Nummer sicher – das nachspielen, was sie vielleicht in Pornos oder Hollywoodfilmen gesehen haben. Nur mal so: Nur bei sieben Prozent der großen Kino-Produktionen führten 2017 Frauen Regie. Logisch also, dass immer bloß das auf die Leinwand gebracht wird, was Männer gerne sehen wollen – und das ist, dreimal dürft ihr raten, die Vorstellung, dass allein ihr Penis Frauen orgastische Höhenflüge beschwert. *The old shit*: Rein, raus, krawumm. Von Pornos mal ganz zu schweigen. Leider sind solche Filme für Heranwachsende häufig die einzige Quelle, um sich dem Thema Sex zu nähern: Was muss ich machen? Was kommt beim anderen Geschlecht gut an? Wie läuft es ab? Oft bleibt dabei hängen, dass frau möglichst laut stöhnen und viele Stellungen innerhalb kürzester Zeit durchturnen sollte, dabei stets unterwürfig und offen für alles sein sollte. Deshalb ist es keine Seltenheit, dass schon 13-Jährige fleißig Deep Throats üben, Sperma schlucken, Analsex zulassen, weil sie glauben, dass sei völlig normal – weil es in fast jedem Porno auftaucht. Umgekehrt glauben einige junge Männer vielleicht, dass sie eben das von ihrer Frau verlangen müssten, um erfahren und reif zu wirken. Hinzu kommen die dort gezeigten körperlichen Ideale: glattrasiert, riesige Silikonbrüste, extrem lange und große Penisse, die bei den Heranwachsenden häufig zu Selbstzweifeln führen. Die meisten jungen Frauen sind bei dieser Art von Sex zunächst so weit von einem Orgasmus entfernt wie Michael Wendler von einem Grammy! Kein Wunder also, dass 90 Prozent aller Frauen schon mal einen Orgasmus vorgetäuscht haben.

Verschiedene Untersuchungen haben gezeigt, dass rund 70 Prozent der dreizehnjährigen Mädchen und rund 90 Prozent der dreizehnjährigen Jungen bereits pornografische Fotos und Filme gesehen haben, schreibt Ulrike Helmer in »Muschiland« auf S. 14 (Helmer, 2012). Dazu zitiert sie Natasha Walter: »[…] bevor sie […] irgendeine Form von sexueller Beziehung eingegangen sind, haben viele Kinder Hunderten fremden Erwachsenen beim Sex zugesehen.« Und das, was sie dort sehen, versaut sie für alles, was danach kommt: Die grenzenlos aufgepimpten, operierten Leiber prägen ihr Schönheitsideal, das stumpfe Duracell-Gerammel mit garantiertem (Fake-)Orgasmus ihre Vorstellung von gutem Sex. Dazu die künstlichen, retuschierten Vorbilder in den Sozialen Medien.

Die (toxische) Botschaft dahinter: Wer fuckable ist, hat mehr vom Leben. Das führt dazu, dass heute schon Fünftklässlerinnen »Sexting« betreiben und haargenau wissen, wie ein Blowjob funktioniert, weil ihre Lieblingsrapperin darüber einen Song gemacht hat. Jedoch, die Botschaft von Nicki Minaj oder Cardi B. und Megan Thee Stallion ist eine andere: Fühl dich frei und ungehemmt und mach, was dir gefällt, wollen sie vermitteln. Doch dieser Text wird leider oft falsch verstanden und mündet in einem Wunsch nach »äußerlichen Anpassungen«. Schade.

Der toxische Hype um »Jungfräulichkeit«

Die Gegenbewegung will von Sex nichts wissen, ehe sie verheiratet ist. Einige verpflichten sich sogar vertraglich dazu. So etwa die Anhänger:innen der internationalen christlichen Bewegung »True Love Waits« (allein in Deutschland sind es ca. 10.000). Sogar Morde kamen schon im Zusammenhang mit »True Love Waits« vor: Im US-Bundesstaat Alabama erstickte eine Mutter ihre Tochter, als sie herausfand, dass diese keine Jungfrau mehr war.

Das Paradoxe: Frauen auf der ganzen Welt wollen ihre Jungfräulichkeit entweder loswerden – oder zurückhaben. In einigen Kulturen ist es üblich, dass nach der Hochzeitsnacht das Laken mit Blutfleck aus dem Fenster der Frischvermählten gehängt wird – als Beweisstück der Jungfräulichkeit der Braut an Familie und Nachbarschaft. Sollte dies nicht der Fall sein, kann es passieren, dass der Bräutigam oder dessen Familie die Hochzeit annullieren lassen.

Falsche Aufklärung

Dabei ist »Jungfräulichkeit« vor allem ein soziales Konstrukt mit einer langen religiös-patriarchalen Tradition, die der Kontrolle weiblicher Sexualität dient. Ein winziger Blutfleck ist definitiv kein ernstzunehmender Beweis dafür, ob eine Frau schon vaginalen Penetrations-Sex hatte oder nicht. Der Verein »SHEspect« startete 2021 eine Petition gegen eine millionenfach an Schulen verteilte Broschüre der Bundeszentrale für gesundheitliche Aufklärung (BZgA), in der gerade dieses Bluten als ein Indiz dafür genannt wird. »SHEspect e. V.« kritisiert außerdem die Aussage in dem Aufklärungsheft, dass es in verschiedenen Religionen sehr wichtig sei, dass das Jungfernhäutchen bis zur Hochzeitsnacht heil bleibe. Damit würden frauenfeindliche, die Sexualität limitierende und für Mädchen und Frauen lebensgefährliche religiöse Anforderungen völlig unkritisch wiedergegeben.

Über die Jahre haben sich die Frauen in den islamischen Ländern aus oben genannten Gründen bereits einige Tricks einfallen lassen, damit man ihnen die Jungfräulichkeit auch dann noch abnimmt, wenn sie längst sexuelle Erfahrungen gesammelt haben. Im Sudan gibt es in Apotheken Pflaster, die sich die Frauen einführen können. Sie fühlen sich beim Geschlechtsverkehr für den Mann wie das Jungfernhäutchen an. Außerdem sondern diese Pflaster (Kunst-)Blut ab, um den Betrug perfekt zu machen. Andere lassen vor ihrer Hochzeitsnacht eine Hymenalrekonstruktion vornehmen. Das ist ein medizinischer Eingriff, bei dem ein beschädigter oder fehlender Hymen wiederhergestellt wird. Falls gewünscht, wird eine kosmetisch angebrachte, von Blutzirkulation ausgeschlossene Membran mit einer Kapselimplantation versehen, die beim Vorgang der Penetration zusätzlich zu der natürlichen Gewebsspannung beziehungsweise Gewebswiderstand auch eine künstliche, blutähnliche Substanz, bestehend aus roter Gelatine, freisetzt. Kostenpunkt: bis zu 4000 Euro. Die »New York Times« zitierte kürzlich eine junge Studentin marokkanischer Abstammung, die eine entsprechende Operation vornehmen ließ: »In my culture, not to be a virgin is to be dirt. Right now, virginity is more important to me than life.«

Aber nicht nur Musliminnen lassen solche Eingriffe vornehmen, sondern auch immer mehr wohlhabende, ältere Damen in Europa – um ihrem Partner ein besonderes »Geschenk« zu machen: »Zur Silberhochzeit darfst du mich NOCH MAL entjungfern, Schatz!« Kein Scherz: Revirginisierung ist *en vogue* und wird sogar hierzulande von immer mehr Ärzten durchgeführt.

JungFRAU – der Begriff selbst sagt es schon, betrifft natürlich wieder mal uns Frauen. Männern wird applaudiert, wenn sie schon in jungen Jahren möglichst viele Mädchen ins Bett gekriegt haben. »Bei den Mädchen ist die Sache ein wenig anders gelagert«, bringt es Katja Lewina sehr treffend in ihrem Buch »Bock. Männer und Sex.« auf den Punkt. »Die werden schon zur Frau erklärt, sobald ihre Periode eingesetzt hat.« Wenn die Welt ein gerechter Ort wäre, würde man einen Jungen zum Mann erklären, sobald er sich nächtens die Pyjamahose vollgespritzt habe, schreibt Lewina. Aber die Welt sei nun mal kein gerechter Ort. »Das Mädchen also muss bluten. Und der Junge, der braucht Sex.« Viele Männer stehen deshalb unter einem enormen Druck. Sie haben das Gefühl, abliefern zu müssen. Zu früh kommen, nicht richtig hart werden, schlapp machen – nichts fürchten Männer mehr, weil sie glauben, dass es sie zu Versagern macht. Viele – sowohl Frauen als auch Männer – wollen den ersten Sex irgendwann einfach nur noch hinter sich bringen, vor allem, wenn sie älter als 18 sind. Trotzdem sei es so, dass der Mann eher etwas gewinnt, die Frau eher verliert, schreibt Katja Lewina. Eine Studie der Pennsylvania State University ergab 2009, dass Jungen, die sich mit bis zu acht oder mehr Sexpartnern rühmten, deutlich beliebter bei Mitschüler:innen seien. Mädchen wurden mit ein oder zwei Liebhabern am ehesten akzeptiert. Hatten sie mehr, war ihre Popularität geringer.

Bis ins 20. Jahrhundert war in Europa die Jungfräulichkeit der Frau vor der Ehe noch rechtlich geschützt. Männern, die ihre Verlobte »deflorierten«, sie dann aber nicht heirateten, drohte in Deutschland nach § 1300 des Bürgerlichen Gesetzbuches die Zahlung eines sogenannten Kranzgeldes. Die letzten Urteile stammen aus den frühen 1970er Jahren und verdammten die »Täter« zu wenigen hundert D-Mark Schadensersatz. Erst 1998 wurde der § 1300 BGB gestrichen.

Teenie-Endziel: Entjungferung

In meiner Jugend gab es für die meisten Jugendlichen bloß ein Endziel: die Entjungferung. Damals, Ende der 1990er-Jahre, wurden in der »Bravo« alle paar Monate Statistiken veröffentlicht, die zeigten, in welchem Alter Jugendliche zum ersten Mal Sex haben.

Die Mehrheit tat es mit 16. Das setzte viele im diesem Alter enorm unter Druck. Prägend hierfür war auch der Kino-Hit »American Pie«, in dem vier Milchbubis unbedingt bis zum Abschlussball entjungfert werden wollten. Lügen, anonyme One-Night-Stands, Trockenübungen mit Mamas lauwarmen Apfelkuchen – jedes Mittel war den Protagonist:innen Recht, um ihr Ziel zu erreichen. Damals war ich 13. Ich habe mir den schlüpfrigen Teeniestreifen zusammen mit meiner besten Freundin im Kino angesehen. Genau wie die Jugendlichen im Film hatten wir in den darauffolgenden Jahren nur zwei Ziele: 1.) einen festen Freund kriegen, 2.) mit ihm Sex haben. Dabei ging es uns nicht mal um besonders romantische Erfahrungen. Nö. Wir wollten »das blöde Ding« (alias Jungfräulichkeit) einfach nur loswerden. In unserem Kopf war der Begriff »Jungfrau« in etwa gleichbedeutend mit uncool, nicht schön oder nicht beliebt. Mysteriöse Techniken wie »lecken«, »blasen« oder »vögeln« erschienen uns wie der heilige Gral – unerreichbar, schwammig, in weiter Ferne. Und so sollte es auch noch lange bleiben. Ein Glück.

Dickpics und Sexting

Während des Lockdowns war das Internet zur Abwechslung mal die Rettung. Wer sich nach einem sexuellen Abenteuer sehnte, musste sich zwangsläufig auf neue Möglichkeiten einlassen, wie nie zuvor spielten Dating-Apps dabei eine wichtige Rolle. So berichtete Lovoo, Nutzer:innen hätten 25 Prozent mehr Zeit in Videochats verbracht als noch in der Woche, bevor COVID-19 von der WHO als globale Epidemie eingestuft wurde. Badoo meldete, dass die einzelnen Matches öfter und bis zu 35 Prozent länger miteinander schrieben. Und bei Tinder waren Chats im Schnitt knapp ein Drittel länger. Außerdem hatten viele Nutzer:innen mehr Matches als vor der Pandemie. Völlig klar: Die Digitalisierung unseres Liebeslebens ist nicht mehr aufzuhalten. Erst recht nicht, wenn man wochenlang zu Hause eingesperrt ist, weil draußen ein lebensgefährlicher Virus tobt. In meinem Umfeld gibt es keinen Single, der nicht mindestens eine der bekannten Flirt-Apps auf dem Handy installiert hat. Die meisten verbindet eine komische Hass-Liebe mit Tinder und Co. Die entsprechenden Apps werden abwechselnd installiert, gelöscht, installiert, gelöscht ... je nachdem, wie das letzte Date so gelaufen ist. Eine nervige Begleiterscheinung sind die Obszönitäten, mit denen vor allem Frauen immer mal wieder unfreiwillig konfrontiert werden:

Im Jahr 2018 haben laut einer Umfrage des Marktforschungsinstituts YouGov über 40 Prozent der befragten Frauen in Großbritannien zwischen 18 und 36 Jahren angegeben, ungefragt ein Penisbild zugeschickt bekommen zu haben. Je jünger die Befragten waren, desto höher die Wahrscheinlichkeit. Das ist widerlich, kriminell (nach Paragraf 184 des Strafgesetzbuches fallen Dickpics unter sexuelle Belästigung, die mit bis zu einem Jahr Knast bestraft werden können) und ein völlig neues Phänomen unserer

Zeit. Exhibitionisten, die sich in Parks oder Zügen entblößten, wurden früher gemeinsam als kranke Psychopathen, erbärmliche Würste, geisteskranke Freaks abgestempelt. Nun muss wohl anerkannt werden, dass in sehr vielen Männern dieser Fetisch schlummert. Durch das Internet ist die Hemmschwelle bloß wesentlich niedriger. Skurril: Einer Umfrage zufolge glauben 82 Prozent der Männer, die Penisbilder versenden, diese würde Frauen sexuell erregen. Haaaaaaha! Selten so gelacht. Ich habe noch von keiner gehört, die beim Anblick eines Penis-Close-ups, das sie nicht eingefordert hatte, gesagt hat: »Och, das ist aber eine nette Überraschung!« Oft geht es sowieso nicht darum, jemandem näherzukommen oder sexuelles Interesse zu bekunden, sondern schlichtweg um eine Machtausübung, nach dem Motto: »Guck mal, was ich mit dir machen kann. Ich kann dich in diese Situation bringen und keiner kann mir was.« Bezeichnend, dass es mittlerweile Schutzmechanismen in Dating-Apps gibt, die Penisfotos blockieren, oder mithilfe der Plattform dickstinction.com innerhalb von einer Minute eine Anzeige gegen den Absender eines Dickpics erstellt werden kann, damit Betroffene nicht davor zurückschrecken. Fest steht: Wer pornografische Inhalte an eine andere Person versendet, ohne von dieser dazu aufgefordert worden zu sein, dem droht Gefängnis.

Für immer mehr und immer jüngere Jugendliche ist es trotzdem normal, Nacktfotos von sich zu versenden (jede:r siebte) oder zu erhalten (jede:r vierte). Eine Studie der University of Texas von 2018 ergab, dass bereits Elfjährige »Nudes« von sich versenden. Wie gruselig ist das denn bitte?! Und es kommt noch schlimmer: Rund 13 Prozent der Befragten gaben an, Nacktfotos einer anderen Person, ohne deren Einverständnis weitergeleitet zu haben. Eine Tat, die ein ganzes Leben zerstören kann.

Trotzdem ist die Zeigefreudigkeit der Leute so groß wie nie. Seit Anfang 2020 vermeldete die »Ich bezahle für deine Nacktfotos«-Plattform OnlyFans einen Zuwachs an Content um 15 Prozent für 30 Millionen Nutzer:innen. Offenbar nutzten nicht mehr nur Promis, sondern auch viele, die in Kurzarbeit und mit Geldsorgen zu Hause saßen, diese neue Möglichkeit, um sich vom heimischen Sofa aus etwas dazuzuverdienen – mit erotischen Selfies und Videos.

Die Medienpsychologin Nicola Döring glaubt, dass Sexting in der sexuellen Entwicklung nicht als übersexualisiertes Medienverhalten zu bewerten sei, dass der realen sexuellen Erfahrung vorausgeht, sondern eher als mediale Intimkommunikation, die das Erproben und Pflegen intimer Beziehungen bei manchen Jugendlichen begleite. Es sei unvermeidlich, dass sie auch bei der sexuellen Sozialisation eine Rolle spielen, in einer Zeit, in der digitale Medien ein selbstverständliches Mittel der Selbstentfaltung und -darstellung Jugendlicher sind. Döring findet, dass wir die »regelmäßig wiederauflebende ›Moralpanik‹ rund um eine angebliche ›sexuelle Verwahrlosung der Jugend‹ vermeiden« und stattdessen lieber konsequent »Safer Sex« und »Safer Sexting« fördern sollten. Regel Nr. 1 lautet dabei sicherlich: Wenn schon Sexting, dann doch bitte ohne Gesicht.

Huch, verklickt! Der Sexskandal, der Hillary den Sieg kostete

Ausgerechnet so ein Nackt-Selfie soll, neben vielen anderen Skandalen und Anschuldigen, einer der Gründe gewesen sein, weshalb Hillary Clinton bei ihrer Präsidentschaftskandidatur 2015 gegen Donald Trump verlor. Ja, richtig gelesen! Allerdings war es nicht sie selbst, die einen Fauxpas beging, sondern der Ehemann einer ihrer wichtigsten Beraterinnen. Anthony Weiner war mal ein aussichtsreicher Kandidat für das Bürgermeisteramt in New York – und leider süchtig nach Sexting. Unaufgefordert verschickte der einstige Kongressabgeordnete über Jahre hinweg Dickpics und obszöne Nachrichten an mehr als tausend (!) Frauen und wurde 2017 sogar zu 21 Monaten Gefängnis verurteilt, weil eine 15-Jährige zu seinen Empfängerinnen zählte. Dies tat der US-Politiker zu einer Zeit, in der seine Frau, die Politikberaterin Huma Abedin, im Wahlkampfteam der Präsidentschaftsanwärterin Hillary Clinton arbeitete. Sie blieb trotzdem bei ihm. Ihr Mann sei »krank«, ein »Süchtiger«, geprägt von »exzessivem Narzissmus«. Aha. Erst als Weiner kurz darauf versehentlich sein »Würstchen«, pardon, ein Dickpic, an seine 56.000 Twitter-Follower – statt als Privatnachricht an eine Chatpartnerin – versendete, während neben ihm sein vierjähriger Sohn zu sehen war, reichte Huma Abedin entnervt die Scheidung ein.

Durch diesen peinlichen Skandal könnte Anthony Weiner indirekt Donald Trump (mit) zum Präsidentenamt verholfen haben, denn Clintons Widersacher:innen pochten darauf, dass Abedin ein Sicherheitsrisiko darstelle, weil sie mit einem schmierigen Perversen verheiratet sei, mit dem auf gar keinen Fall Staatsgeheimnisse geteilt werden sollten. Tja ...

Das Fremdgeh-Gen

Eine Umfrage des Journal of Marital and Family Therapy ergab, dass 57 Prozent aller befragten Männer und 54 Prozent aller befragten Frauen mindestens einmal in ihrem Leben fremdgegangen sind. Falls es eine Garantie geben würde, dabei nicht erwischt zu werden, würden 74 Prozent der Männer und 68 Prozent der Frauen gerne mal durch fremde Betten hüpfen. Neurowissenschaftler haben mit modernen Untersuchungsmethoden dargestellt, was im Gehirn vor sich geht, wenn wir geil sind, und liefern Hinweise, warum manche unbeherrschter agieren als andere. Das Ausmaß unserer individuellen (Woll-)Lust ist in unseren Genen verankert: Ob wir fremdgehen, hängt von der Gen-Variante DRD4 ab. Deren Träger sind um 50 Prozent anfälliger für Seitensprünge als andere! Eine US-Studie sieht den Grund für Untreue in bestimmten Gehirnprozessen: Studienteilnehmer:innen, bei denen der Botenstoff Dopamin stärker ausgeprägt war, neigten häufiger zu Seitensprüngen. Und: Wissenschaftler haben mittlerweile bewiesen, dass Frauen weniger für Monogamie gemacht sind als Männer. Nach einigen Jahren vergeht vielen die Lust auf Sex mit ein und demselben Partner – jedoch nicht auf Sex an sich. »Dauerhafte Sicherheit und häufiger, guter Sex schließen sich aus«, so die Psychotherapeutin Kirsten von Sydow von der Psychologischen Hochschule Berlin in einem Interview, das sie dem Spiegel gab. Im besten Fall gebe es nach Phasen von Alltagssex immer mal wieder leidenschaftlichere Zeiten. Daraus könnte man schließen: Wer dauerhaft heißen Sex möchte, ist praktisch gezwungen, sich von dem Gedanken der Monogamie zu verabschieden. Allerdings sehnen sich die meisten Menschen nach einer Phase der intensiven Ausprobierzeit irgendwann nach dem klassischen Beziehungsmodell. Treue fällt leichter, wenn man nicht (mehr) ständig denkt, etwas zu verpassen – weil man am eigenen Leib erfahren hat, dass auch ziemlich viel Schrott auf dem Markt ist. Kate Hudson (drei Kinder von drei Expartnern) hält Monogamie dennoch für unrealistisch. Wenn ihr Mann eine Affäre hat, »dann will ich es einfach nicht wissen. Solange in unserem Haus alles gut läuft, lass dich bitte nicht erwischen«, sagte sie Access Hollywood. Sie selbst fühle sich genauso von ihren sexuellen Energien beherrscht. Man müsse sich immer vor Augen halten, worauf es ankomme: »Andere Menschen nicht zu verletzen, steht an erster Stelle.« Die Modedesignerin Vivienne Westwood, Ende 70, ist seit 1992 mit ihrem ehemaligen Studenten Andreas Kronthaler, Mitte 50, verheiratet. Das Geheimnis ihrer Beziehung? »Man darf Liebe und Sex nicht verwechseln«, sagte Westwood dem Handelsblatt. »Wenn dein Mann etwas mit anderen Frauen haben möchte, dann lass ihn ruhig. Das ist nicht wichtig. Dadurch wirst du ein wesentlich entspannteres

Leben führen.« Im Klartext: Außereheliche erotische Eskapaden sind in dieser Ehe ausdrücklich erwünscht. So kulant ist allerdings nicht jede:r.

Eine Boulevardzeitung deckte 2010 auf, dass der damals 34-jährige Golf-Star Tiger Woods, einer der bestbezahlten und schillerndsten Sportler der Welt, seine Ehefrau Elin Nordegren mit 13 Affären hintergangen haben soll. Nordegren soll 2009, kurz nachdem Woods die Australian Masters gewonnen hatte, eines Nachts auf dessen Handy zweideutige Nachrichten entdeckt und ihn daraufhin wütend zur Rede gestellt haben. Woods, der mit Schlafmitteln zugedröhnt war, flüchtete daraufhin völlig benommen aus dem Haus, stieg in seinen Cadillac, kollidierte damit unmittelbar vor seinem Haus mit einem Hydranten und rammte anschließend einen Baum auf dem Nachbargrundstück. Crashboombäng. Nordegren, die ihm mit einem Golfschläger bewaffnet nachgerannt war, zertrümmerte zu guter Letzt noch die Heckscheibe seines Autos, ehe die Polizei eintraf. Wochenlang schlachtete die Boulevardpresse den Skandal um den treulosen Sportler aus – und es wurde alles immer noch schlimmer. Plötzlich meldeten sich bei allen möglichen Zeitungen und TV-Sendern diverse Pornostars, Prostituierte, Hostessen, Kellnerinnen und andere Frauen, die alle ebenfalls behaupteten, mit Tiger Woods geschlafen zu haben, während er mit Nordegren verheiratet war. Insgesamt stellte sich auf diese Weise heraus, dass Woods seine schöne, blonde Frau mit insgesamt (mindestens) 121 verschiedenen Frauen betrogen hatte! Eine von ihnen konnte Beweise für eine insgesamt 31-monatigen Affäre vorlegen und behauptete, Woods sogar noch zwei Monate vor der Geburt seines ersten Kindes getroffen zu haben. Seine Scheidung von Elin Nordegren kostete Tiger Woods am Ende 100 Millionen Dollar. Und: seinen guten Ruf. Die bis dato beispiellos verlaufene Sportlerkarriere ging den Bach runter, Woods verlor sich in einer Drogensucht und musste, typisch USA, etwas später öffentlich zu Kreuze kriechen, um sich überhaupt wieder auf irgendeinem öffentlichen Parkett des Landes blicken lassen zu können. Heute soll er sein Leben dank zahlreicher Therapien (u. a. gegen Sexsucht) wieder in den Griff gekriegt haben.

Bei den meisten Menschen lösen solche Geschichten vor allem Unverständnis und Wut auf die unbeherrschten, egoistischen Betrüger:innen aus, die ohne Rücksicht auf Verluste ihre animalischen Triebe zur obersten Priorität gemacht haben. Unser Bauchgefühl sagt uns: Typen wie Tiger haben keinen Anstand, keine Ehre, keine Selbstbeherrschung. Das macht sie zu »Sündern«. Vielleicht, ohne zu wissen, was wir damit eigentlich genau meinen.

Die Ausrede »Sexsucht« ist gesellschaftlich noch nicht besonders anerkannt, obwohl diese exzessive, zwanghafte sexuelle Betätigung offiziell zu den Verhaltenssüchten zählt, ähnlich wie Kauf- oder Spielsucht. Die Symptome sind: ständige sexuelle Fantasien, exzessiver Pornofilm-Konsum, häufiges Masturbieren und ständig wechselnde Sexualpartner:innen – all das, ohne jemals auch nur ansatzweise sexuelle Befriedigung zu erfahren, weshalb die Betroffenen ständig nach neuen Kicks suchen, ohne Rücksicht auf Verluste. Dadurch gefährden sie ihre Jobs und Beziehungen, können aber trotzdem nicht aufhören. Nur kurz erleben sie ein Hochgefühl, das ihre innere Leere, Langeweile, ihre Ängste oder Selbstzweifel betäubt. Sexsucht kann also genetische oder körperliche Gründe haben, die Folge von sexuellem Missbrauch sein oder durch eine Manie auftreten. Auch durch bestimmte Medikamente und Drogen fällt die Impulskontrolle weg. »Wenn wir versuchen, Essen oder Sex zu benutzen, um Isolation, Einsamkeit, Unsicherheit, Angst und Spannung zu verringern oder um unsere Gefühle zuzudecken, damit wir uns lebendig fühlen, wenn es uns hilft zu fliehen […], dann schaffen wir einen unnatürlichen Appetit, der den natürlichen Instinkt missbraucht und verletzt«, heißt es auf der Website der Anonymen Sexaholiker Deutschland (Ja, sowas gibt es). Als süchtig gilt eine Person, wenn ihr destruktives Verhalten länger als sechs Monate andauert. Hypersexualität wurde bisher allerdings nie offiziell als psychische Störung eingestuft. Das Diagnosesystem der Weltgesundheitsorganisation ICD-10 kennt bisher nur ein »gesteigertes sexuelles Verlangen«. Die Befürchtung dahinter: Ein gesundes Sexualverhalten könnte dadurch unnötig pathologisiert werden, weil es selbstverständlich Menschen gibt, die mehr Lust haben als andere, und solange alle Beteiligten ihren Spaß haben, spricht schließlich nichts dagegen, viel Sex zu haben.

Der Psychologe Jannis Engel bietet an der Medizinischen Hochschule Hannover einen Beratungsdienst für Menschen mit hypersexuellem Verhalten an, etwa für Männer, die süchtig nach Pornos sind oder ihre:n Partner:in mit ihrem Appetit auf Sex überfordern. »Kürzlich hatte ich einen Klienten, der fünf Stunden am Tag masturbierte«, erzählte Engel gegenüber spektrum.de. »Jede freie Minute verwendete er auf sexuelle Aktivitäten und vernachlässigte darüber seine Familie. Letztlich trennte sich seine Frau von ihm.«

Das Phänomen »Sexsucht« schaffte es sogar schon auf die Kinoleinwand. In der Komödie »Don Jon« etwa spielt Joseph Gordon-Levitt einen jungen Mann, der jegliches Interesse an Geschlechtsverkehr mit Frauen verliert, weil er Pornos viel besser findet. Von denen schaut er sich schon mal 56 Stück am Tag an. »Ein Mann, der am Computer sitzt und sich Pornos anschaut, ist für mich die perfekte Metapher eines Menschen, der andere nur als Objekte sieht und benutzt«, sagt Gordon-Levitt, der auch Regie geführt hat. Oder eben: die perfekte Metapher für die Lust. Wir würden die Menschen häufig nach unseren Vorstellungen verändern wollen und uns ständig mit anderen vergleichen. Das würde der Liebe im Weg stehen, so sein Credo.

Flutschfinger & toxischer Schönheitswahn: Reizüberflutung in den Medien

Wer etwas verkaufen will, tut dies am besten mit Sex. Das geht los mit vermeintlich *zufällig* zweideutig klingenden Namen erfolgreicher Speiseeise wie etwa »Flutschfinger«, »Ed von Schleck«, »Brauner Bär« oder der skandalösen Todsünden-Edition von Magnum, die 2003 die Kirche schockierte und sich vielleicht gerade deswegen astrein verkaufte. Jeden Tag werden wir von plumpen sexuellen Schlüsselreizen auf Plakatwänden, auf den Screens in der S-Bahn, in den sozialen Medien oder in Zeitschriften überschwemmt und erfahren dadurch praktisch permanent unfreiwillig sexuelle Stimulation. Und diese Reizüberflutung wird immer krasser: Überall hagelt es Tipps, wie wir unser Sexleben wieder oder dauerhaft aufregend gestalten können und welche Produkte dafür nützlich sind. Die Sexbörse »C-Date« warb 2021 an jeder Bushaltestelle meines Viertel für Gelegenheitssex: »Ich trage auch nicht jeden Tag dieselben Schuhe« stand auf den Anzeigen, dane-

Sexismus in Reinform: Parfümwerbung von Tom Ford

ben war das Bild einer Frau abgebildet. Das Modelabel Dolce & Gabbana deutete auf einer Modeanzeige eine Gruppenvergewaltigung an. Tom Ford positionierte einen Parfümflakon für eine Plakatwerbung zwischen den nackten Brüsten einer Frau. Sexistische Stereotype in Medien und Werbung – wohin das Auge auch blickt! Die Non-Profit-Organisation Pinkstinks geht dagegen vor. Auf pinkstinks.de können Darstellungen gemeldet werden, die ein geschlechtsbezogenes Über- oder Unterordnungsverhältnis zeigen, Menschen aufgrund ihres Geschlechts Eigenschaften, Fähigkeiten und soziale Rollen in Familie und Beruf zuordnen oder die sexuelle Anziehung als ausschließlichen Wert von Frauen darstellen. Im Privatfernsehen wird derweil weiterhin gezeigt, was Quote und damit Geld bringt. Und das sind in erster Linie nackte Tatsachen. Egal, ob es sich um eine Talent- oder Flirtshow handelt. Besonders trashige Beispiele sind die Reality-Flirt-Shows »Adam sucht Eva« (gänzlich nackte Normalos und Z-Promis balzen vor laufender Kamera auf einer Südseeinsel) oder »Temptation Island« (Paare werden getrennt in den Urlaub geschickt und stetigen Verführungen ausgesetzt; oft kommt es zu Sex vor laufenden Kameras).

Fürs Showbiz gilt seit jeher: Kitzele die Wollust der Menschen und ihre Aufmerksamkeit ist dir sicher. Das wissen Helene Fischer, Miley Cyrus oder Britney Spears ebenso wie das letzte TV-Sternchen auf dem Cover des »Playboy«-Magazins oder die halbnackt vor dem Infinity-Pool posierende Influencerin. Doch so wie die Hemmschwelle in Werbung, TV und Social Media immer weiter sinkt, nimmt auch das Verlangen der Menschen immer weiter ab. Wir haben uns quasi selbst eine Grube gegraben!

Was erregt uns noch?

In der Werbung dreht sich alles darum, möglichst hemmungslos, egoistisch und wild zu sein und seine Bedürfnisse einzufordern und auszuleben: Schrei vor Glück! Just do it! Thomas Assheuer schrieb dazu in einem Artikel für »Die Zeit«: »Jeder muss an seiner Selbstperformance arbeiten und durch sein Auftreten (›Express yourself!‹) beweisen, wie großartig er ist, wie authentisch, wie unverwechselbar.« Dies würde für eine neue Fremdheit zwischen den Geschlechtern beim Sex sorgen. Es ginge nicht mehr um den Partner als geliebten Menschen, sondern ums reine Ausleben von Bedürfnissen mit egal wem. Laut der israelischen Soziologin Eva Illouz drängt uns die kapitalistisch geformte Welt dazu, eine immer größere Lust zu suchen, den maximalen sexuellen Profit. Volkmar Sigusch, einer der bedeutendsten Sexualforscher der Welt, sprach gar von einer Neosexualität, in der alles möglich sein soll, notfalls mit Viagra und Vibratoren. »Die heutige Sexualform ist der ›Selfsex‹, es geht darum, alles selbst zu bestimmen – eine Kapitalisierung der sexuellen Sphäre«, erklärte er im Interview mit »Die Zeit« (Sigusch, 2008). Dazu passt eine Pressemitteilung, die mir 2021 ins Haus flatterte: »Genieße das Muttersein, zelebriere deine Sexualität und nimm deine Orgasmen selbst in die Hand«, hieß es darin zwecks Bewerbung eines neuen Eco-Sextoys. Die PM trifft den Zeitgeist auf den Punkt: Self-Care plus Klimaschutz plus Orgasmen via Knopfdruck, beworben von einer superheißen, jungen, schlanken Hipster-Mom (Influencerin Bonnie Strange) in Unterwäsche, die sich das holt, was sie braucht, ohne dabei auf einen Mann angewiesen zu sein. Vorbild und Beautyterror zugleich.

Volkmar Sigusch glaubt trotzdem, dass Frauen die Gewinnerinnen der neosexuellen Revolution sind. »Sie sind selbstsicherer, sie werden nicht mehr der Frigidität verdächtigt, sie können sich sogar für Asexualität entscheiden, sie haben sehr viel häufiger einen Orgasmus als früher« sagte er gegenüber »Die Zeit«. Das Problem sei allerdings, dass viele junge Männer da nicht mehr mitkämen und verunsichert seien. »Sie sollen große Penetratoren sein, siehe den Bestseller »Shades of Grey«, und andererseits Schmusekater, zart und mitfühlend.« Daran würden viele zerbrechen. »Je mehr wir von sexuellen Reizen überflutet werden, desto weniger erregt uns«, so Sigusch. Außerdem klagt er darüber, dass die Deutschen ohne einen Funken Leidenschaft über Sex sprechen würden. Und schlecht im Bett seien wir auch noch. Potzblitz! Deshalb würde es ihn auch nicht überraschen, dass viele (Ehe-)Frauen keine Lust mehr auf das hätten, was ihr Mann ihnen bieten würde. Sigusch kennt sich aus. Er gründete 1972 das »Institut für Sexualwissenschaft« am Universitätsklinikum Frankfurt, arbeitete als Paartherapeut und veröffentlichte unzählige Bücher, die sexualwissenschaftliche Themen behandeln.

»Nach allem, was wir wissen, auch aus empirischen Studien, handelt es sich bei Paaren, die länger zusammen sind, um eine Praxis, die ich ›Karnickelsex‹ nenne. Wir haben keine Liebes-, Erregungs- und Sexualkultur«, meint Sigusch. Das liege an der Entwicklung in den letzten tausend Jahren in Europa. Wir hätten uns entschieden, Vernunft, Arbeit und Besitz zu unseren Held:innen zu machen. Sie seien die Kontrahenten erotischer Sinnlichkeit. »Selbst die Liebe soll bei uns vernünftig und fleißig sein«, schimpft der Sexualforscher.

Glücklicherweise gibt es eine Lösung: »Es gibt erfreulicherweise etwas Wunderbares […] in unserem sexuell oft armen Leben: die Liebe. Um sie sollten wir ringen, und wenn wir sie erlebt haben, sollten wir an ihr festhalten«, rät Sigusch. »In Paartherapien, die wir Sexualtherapeuten entwickelt haben, geht es letztlich darum, eine einmal gefundene Liebe nicht zu verlieren. Manchmal hilft dabei auch, das sexuelle Miteinander angenehmer und befriedigender zu gestalten.« Tinder und Co. sieht Sigusch völlig unkritisch. »Die Suche im Internet ist heute für viele die beste oder sogar die einzige Möglichkeit, auf recht anständige Weise eine Partnerin oder einen Partner zu finden. […] Für viele Menschen ist das Internet eine zentrale Quelle ihres Sexuallebens. Sie schauen sich erregende Bilder und Filme an oder verabreden sich dort mit anderen

Menschen. […] Einmal erlebte ich, dass ein Patient mit einer sehr seltenen sexuellen Perversion nach jahrelanger Suche im Internet endlich einen Gleichartigen in Australien fand und glücklich war.« Sehr positiv aufgefallen sei ihm zudem, dass Partner weniger analog fremdgingen, weil sie sich jederzeit virtuell vergnügen könnten. Kein Wunder also, dass heute so viele Menschen süchtig nach ihren Smartphones sind und gar nicht mehr aufhören können, permanent auf den Dingern herumzudaddeln. Bei Tisch, auf der Toilette, unter der Dusche, beim Überqueren der Straße. Womöglich, weil ihr virtuelles Ich gerade Cybersex mit einem Avatar von Kurt Cobain oder einem Einhorn hat.

Generation der »Ich-Linge«

Häufig hört man von Leuten, die in Berlin wohnen, dass es praktisch unmöglich geworden sei, jemanden für eine feste Beziehung zu finden. Monogamie ist in den schnelllebigen Metropolen auf dem absteigenden Ast. Warum sollte man sich festlegen, wenn hinter der nächsten Ecke theoretisch noch jemand Tolleres warten könnte? Dating-Apps vermitteln das Gefühl, seine:n Partner:in jederzeit unaufwändig wechseln zu können, weil die Auswahl an verfügbaren, attraktiven Flirts unendlich scheint. Sobald es auch nur ansatzweise langweilig, kompliziert, anstrengend wird, rufen viele: »Next!« Oder auch: »Both!« (Beide). Expert:innen sprechen von einer Generation der Ich-Linge, die nur noch das eigene Vergnügen im Kopf hat. Klar, durch das Internet und unsere damit einhergehende ständige Verfügbarkeit war es nie einfacher, neue Leute kennenzulernen, bloß in die Tiefe geht es immer seltener. Es herrscht beim Dating vielmehr eine Stimmung wie am kalten Buffett: Unzählige Leckereien warten darauf, probiert zu werden. Du musst dich für einige entscheiden, steckst dir die Köstlichkeiten noch auf dem Weg zum Platz in den Mund und meinst dann schon währenddessen zu merken: Oh, doch nicht so mein Fall. Dabei hast du noch nicht mal runtergeschluckt! Trotzdem lässt du deinen Teller lieber stehen und holst dir etwas Neues.

Eine Folge: Laut einer Umfrage finden es viele Menschen heute normal und okay, via Textnachricht mit jemandem Schluss zu machen. WTF!? Einigen reicht es schon als Ego-Booster, diverse Matches (Bestätigung! Du bist attraktiv!) zu sammeln, wie in einem Panini-Album, die einem für eine Weile den virtuellen Alltag mit netten, erotischen oder romantischen Nachrichten versüßen. Reale Treffen werden gemieden, um das Risiko einer realen Enttäuschung direkt auszuklammern, etwa, wenn das Gegenüber feststellt, dass man ganz anders aussieht als auf seinen bearbeiteten Fotos.

Dabei verlieren viele aus den Augen, was der eigentliche Hauptgewinn wäre: Echte Nähe, die nur dann entstehen kann, wenn man sich mit Haut und Haaren auf EINE Person einlässt. Unabhängig davon, ob in Buxtehude vielleicht noch jemand anderes sitzen könnte, der noch besser zu einem passt. Denn so jemanden wird es IMMER geben. Das ist reine Wahrscheinlichkeitsrechnung. Immerhin werden pro Sekunde 4,3 neue Menschen geboren.

Michael Nast rief in seinem gleichnamigen Bestseller 2016 bereits die »Generation: beziehungsunfähig« aus, indem er analysierte, wie Dating-Apps unsere Partnersuche verändern: »Wir sind stolz darauf, in einer sexuell offenen Gesellschaft zu leben und wollen das bestmögliche, aufregendste Sexleben mit der tollsten Person. Dabei verlaufen wir uns manchmal.« Als chronische Selbstoptimierer und Perfektionisten würden wir uns ständig in den Mittelpunkt stellen, ohne Rücksicht auf Verluste. »Mit den Internettechnologien der Gegenwart ist der nächste Sexualpartner – genau wie die Pizza oder die Traumreise – nur einen Klick oder Wisch entfernt«, sagt auch die Soziologin Eva Illouz. »Nicht nur beim Gelegenheitssex oder Pornokonsum wird das Unverbindliche zur Gewohnheit. Die Praktiken ständigen Beurteilens und Vergleichens, das Auf- und Abwerten werden zur zweiten Natur.«

Das alles fällt aus der Sicht der Psychoanalytikerin und evangelischen Theologin Dr. Rotraud A. Perner unter den Begriff Wollust. »Immer dort, wo ich den oder die andere Person benütze wie einen Automaten oder wie einen Sklaven oder eine Sklavin, um mich selbst in Größenfantasien, in Lustgefühlen zu suhlen, das alles gehört für mich in den Bereich der Wollust«, erklärt sie. »Heute wird das ja propagiert: Nur keine Zeit in eine Beziehung investieren, weil, das zahlt sich alles nicht aus, denn wir haben ja nur Lebensabschnittspartner:innen. Was früher einen Lebensabschnitt von zehn Jahren bedeutete, dauert heute oft nur mehr eine halbe Woche. Lust ist sexuelles Vergnügen – abzüglich der Verpflichtung, die entsprechende Person auch aufgrund ihres Charakters wertzuschätzen. Wer die Freuden der körperlichen Liebe lediglich konsumiert, schlimmstenfalls mit ständig wechselnden Partner:innen, dem könnte es passieren, dass er oder sie verlernt, mit einem anderen Menschen in eine emotionale Beziehung zu treten, bei der auch eine seelisch-geistige Verbindung entsteht, die zum Beispiel in einer Eheschließung gipfeln könnte. Der Wollust-Worst-Case aus Sicht von Perner: »[…] Menschen für den eigenen Lustgewinn zu missbrauchen […], zu verdinglichen, und nicht in eine Beziehung hineinzugehen […]. Ich will deinen Körper zu meinem Vergnügen benutzen, aber als ganzer Mensch will ich dich nicht.« Tja, ich würde sagen – zu spät.

Die neue Sexflaute

Laut Studien haben Menschen in Beziehungen heute immer weniger Lust auf Sex als die Mitglieder früherer Generationen, und junge Menschen werden immer später sexuell aktiv. Und mal wieder trägt das Internet eine große Mitschuld. Der ständige (unbewusste) Vergleich mit retuschierten und operierten Influencerinnen und Influencern sorgt vor allem bei jüngeren Leuten zunehmend für Hemmungen, sich vor dem oder der Partner:in zu entblättern und folglich komplett gehen zu lassen. Trendforscher:innen sagen, dass Beziehungen ohne Sex immer beliebter werden. Es redet bloß niemand darüber, weil es in unserer Gesellschaft ein Makel ist, lustlos zu sein. Dabei hatte die Menschheit noch nie so wenig Sex wie im Jahr 2018!

Aufgepasst: Während beispielsweise die Britinnen und Briten 1990 noch fünfmal im Monat miteinander schliefen, waren es 2000 nur noch viermal. Mittlerweile vergnügt sich das Durchschnittspaar (im Alter zwischen 16 und 64) nur noch dreimal pro Woche miteinander. Ob das nun viel oder wenig ist, muss wohl jede:r für sich selbst entscheiden. Auch der Anteil aller 19- bis 29-jährigen US-Amerikaner:innen, die in den vergangenen zwölf Monaten den sogenannten Beischlaf NIE vollzogen haben, ist laut Statistik auf ein Rekordhoch gestiegen. »Die Wahrscheinlichkeit, dass Menschen mit Anfang 20 heute abstinent sind, ist mehr als doppelt so hoch im Vergleich zur Generation X (1961 bis 1981) damals in diesem Alter«, schreibt die Journalistin Kate Julia in ihrem Bericht »Der Sex-Rückgang«. Aktuell würden in den USA etwa 60 Prozent der Erwachsenen unter 35 ohne Partner leben. In Japan ist derzeit jeder zweite Einwohner Single und jedem zweiten Single macht das angeblich nichts aus. Wie konnte es bloß so weit kommen, dass die einst offiziell schönste Nebensache der Welt im Jahr 2021 fast schon zur totalen Nebensache verkommen ist? In Japan wollen sich viele junge Leute lieber auf ihren (stressigen) Job konzentrieren, fänden gar keine Zeit für die Pflege einer Partnerschaft. Stattdessen boomen Dating-Simulationen per App, mit denen man Liebesbeziehungen zu Manga-Charakteren oder Fabelwesen aufbauen kann. Diese digitalen Avatare sind auch als Sexpuppen erhältlich.

Vielleicht ist die neue Sexflaute auch eine unbewusste Reaktion auf neueste Fortschritte in der Wissenschaft? Immerhin lassen sich Kinder neuerdings easy im Labor zeugen. In China kam 2019 das erste »Designerbaby« zur Welt. Um Nachwuchs zu zeugen, müssen wir nicht mal mehr miteinander schlafen! Demnächst brauchen wir angeblich nicht einmal mehr Spermien und Eizellen! Das behauptet der Bioethiker Hank Greely von der Universität Stanford, Kalifornien. Der Hausarzt könne einem bald eine Hautprobe entnehmen und diese in eine Reproduktionsklinik senden, wo sie zu Stammzellen umprogrammiert würde. Anschließend könne der fertige Embryo wahlweise einer Leihmutter implantiert oder in einem künstlichen Uterus ausgetragen werden.

Der britische Professor David Spiegelhalter glaubt außerdem, dass spannende Serien wie »Game of Thrones« dafür verantwortlich seien, dass wir immer weniger Sex haben. »Ich sehe die Set-top-Box verantwortlich, Netflix. ›Oh mein Gott, ich muss die ganze zweite Staffel Game of Thrones zu Ende schauen‹, denken die Leute.« Seine These: Keine Langeweile, kein Sex. Allerdings werden viele Produktionen immer krasser, damit die Zuschauer:innen bloß nicht umschalten. Sex verkommt also offenbar immer mehr zum Plan B, wenn sonst nichts Geiles läuft. Und das, obwohl wir Menschen mehr Geld denn je in Verjüngungskuren und Schönheitsbehandlungen investieren, um möglichst lange attraktiv (für das andere Geschlecht) zu bleiben. Eine ziemliche Geldverschwendung, wenn man dann frisch geliftet doch wieder nur als Avatar im Netz unterwegs ist, um den virtuellen Kurt Cobain zu treffen.

Die Kardashians vs. körperdysmorphe Störung

In den Boulevardmedien werden Models und Schauspielerinnen gefeiert, die es schaffen »nur vier Wochen nach der Geburt wieder gertenschlank« zu sein. Was sie ihrem Körper damit antun, spielt keine Rolle. Frauen wie sie legen den Maßstab für die »normalen« Frauen fest. Mit 60 noch so aussehen wie 40 – wenn die Stars das hinkriegen, muss das Lieschen Müller auch schaffen, sonst hat sie versagt und muss sich auch nicht wundern, wenn ihr Typ sie für eine Jüngere verlässt. »Spätestens seit Mrs. Robinson in ›Die Reifeprüfung‹ Ende der Sechziger gehört die Geschichte der älteren Verführerin zur Popkultur«, sagt die Sexualpädagogin Katja Grach. Das sei davor ein totales Tabu gewesen: »Erstens, dass Frauen so etwas wie eine selbstbestimmte Sexualität haben, zweitens, dass Frauen das auch zeigen, und drittens, dass selbst Mütter sexuell aktiv sind und dazu stehen.« Leider geht das weibliche Idealbild aktuell in eine extreme Richtung – zumindest bei der »Generation Social Media«. »Aktuell gehören ein großer trainierter Po in Kombination mit einer möglichst schlanken Taille zur Fuckability, sowie ein komplett gewachster Körper, lange Haare und [...] ein sexy Style«, so Katja Grach. Das Vorbild sind die von A bis Z getunten, stets zeigefreudigen Kardashian-Schwestern. Wem das nötige Kleingeld für teure Schönheits-OPs fehlt, der kann sich mithilfe von Verschönerungs- und Bildbearbeitungs-Apps auf Kardashian-Niveau pimpen. »Unsere Gesellschaft ist freizügiger, zeigefreudiger und übersexualisierter denn je«, glaubt auch Prof. Dr. Dr. med. Werner Mang, Ärztlicher Direktor der Bodenseeklinik für Ästhetische und Plastische Chirurgie. Das geht schon auf dem Schulhof los: »Frauen und Mädchen werden nicht nur beschaut und für hübsch oder hässlich befunden, sondern einer Betrachtung unterzogen, die sie sexualisiert. Und sie bedienen die Wahl mit ihrer Kleidung, Frisur und Make-up wie im Verhalten auch selbst mehr oder weniger diesen Blick«, schreibt Ulrike Helmer in ihrem Buch »Muschiland«. Der Betrachtende würde ungefragt in die Position des Voyeurs gebracht und zur immergleichen Stellungnahme genötigt: »Sexy oder nicht?« Minderjährige Mädchen sollen also auf der einen Seite brav sein und möglichst lange Jungfrau bleiben, aber auf der anderen Seite werden sie indirekt von unserer Gesellschaft dazu genötigt, sich schon als Kind sexuell attraktiv darzustellen.

Der Sexist dazu: Frauen objektifizieren sich selbst, indem sie knappe Röcke anziehen.

Die/der Feminist:in daraufhin: Männer objektifizieren Frauen, indem sie sie auf ihre sexuellen Reize reduzieren.

Durch eine Flut an manipulierten Fotos in den sozialen Medien, der Werbung oder der Kinoleinwand entsteht in jedem Fall eine völlig verzerrte, groteske Vorstellung davon, was schön oder normal ist. In der Folge fühlen sich Jugendliche von ihrem eigenen Selfie-Ich unter Druck gesetzt und entwickeln immer häufiger eine sogenannte körperdysmorphe Störung. Dabei kreisen die Gedan-

Kim Kardashian prägt das Schönheitsideal 2022: vom Scheitel bis zur Sohle »gemacht«.

ken ständig um das eigene Aussehen, die Betroffenen sind mit einem vermeintlichen Makel unzufrieden, den andere oft überhaupt nicht wahrnehmen. Statt eine Therapie zu machen, gehen sie lieber zum Schönheitschirurgen. »Betroffene analysieren ihr Aussehen oft akribisch im Spiegel, vergleichen sich ständig mit anderen, grübeln über ihr Aussehen, verdecken ihr ungeliebtes Körperteil, verwenden exzessiv Make-up oder gehen erst gar nicht aus dem Haus, aus Scham und der damit verbundenen Angst vor negativer Bewertung«, erklärt der Psychologe Oliver Sündermann. Laut einer weltweiten Umfrage von Dove haben 80 Prozent der Mädchen bereits vor ihrem 13. Geburtstag bearbeitete Fotos von sich ins

Netz gestellt und sind folglich davon ausgegangen, dass sie so, wie sie sind, nicht schön genug sind. »Vor Kurzem war eine 14-jährige Schülerin bei mir, sie hatte Bilder mitgebracht von einer Influencerin, deren Nase und Wangenknochen sie haben wollte«, berichtet Mang. »Ich habe ihr gesagt, dass sie gut aussieht, warten soll, bis sie volljährig ist und dass sich das Schönheitsbild permanent verändert.« Welche Behandlungen gefragt seien, hänge davon ab, welche Stars angesagt seien. »Vor Kurzem galt der ausgemergelte Heroinlook von Kate Moss als trendig, nur wenige Jahre danach war es der Po von Jennifer Lopez. Heute ist es das Aussehen von Kim Kardashian, Kylie Jenner, Selena Gomez und Miley Cyrus, denen die Frauen nacheifern.« Dementsprechend seien Behandlungen wie Brazilian Butt Lift, Lippenvergrößerungen, Unterspritzungen, Bichektomien und Brustvergrößerungen besonders gefragt.

Die prominenten Vorbilder sind häufig nicht weniger vor Unsicherheiten und toxischem Schönheitswahn gefeit. Im April 2021 postete ein Angestellter des Reality-Sternchens Khloé Kardashian versehentlich ein unretouchiertes Bikinifoto. Skandal! Sofort musste der natürliche Schnappschuss gelöscht werden, weil diese ihren eigenen Anblick auf Fotos ohne Weichzeichner und Filter nicht mehr zu ertragen scheint. Sie habe in all den Jahren, in denen sie mit ihrer Familie durch die Realityshow »Keeping Up With The Kardashians« im Rampenlicht stand, fiese Spitznamen wie die »hässlichste Kardashian« oder »fette Schwester« ertragen müssen. Der ständige Druck, Spott und die Verurteilung ihres Aussehens seien mittlerweile zu viel, um es zu ertragen, so Kardashian. Deshalb bekommen ihre Fans nichts Unbearbeitetes mehr zu sehen.

Der Gegenpol: die Bodypositivity

Parallel wird die »Bodypositivity«-Bewegung immer mächtiger, und neue, alternative Bilder und Werte entstehen, die das Spektrum der Schönheit erweitern. Heute darf sich jede:r sexy fühlen, egal, wie weit sie oder er vom sogenannten Mainstream-Schönheitsideal abweicht, das irgendwann mal von einer patriarchalen Gesellschaft kreiert wurde. Wir lassen uns heute nicht mehr von Männern diktieren, wie wir auszusehen haben – nämlich so, wie sie es gerne hätten: in hohen Schuhen, mit großen Brüsten, tiefem Ausschnitt, kurzem Rock. Oder um es mit den Worten der feministischen Autorin Florence Given zu sagen: »Women don't owe you pretty!«

Zunehmend, und, ja, endlich werden die Protagonist:innen in Werbung, Filmen und Serien immer diverser. Ein gesundes, durchschnittlicheres Körperbild von Mädchen und jungen Frauen ist gefragter denn je. Selbst in Heidi Klums Topmodel-Show standen 2021 ein Transgender-Model und ein normalgewichtiges im Finale. Die Branche nennt es »curvy« oder »plus Size«, also alle, die Kleidergröße 42 oder mehr tragen, was bedeuten würde, dass sich etwa 60 Prozent aller deutschen Frauen so nennen könnten. Etwas spät, denn bereits 2015 hatte eine Studie des Internationalen Zentralinstituts für das Jugend- und Bildungsfernsehen ergeben, dass »Germany's Next Topmodel« bei jungen Mädchen Essstörungen triggert. »Werden sie auf ihren Körper reduziert und in diesem hochsensiblen Bereich kritisiert, kann es nicht nur für die Akteurinnen, sondern auch für junge Frauen vor dem Fernseher fatale Folgen haben«, so Studienleiterin Maya Götz. Die Wissenschaftler kritisieren zudem eine »krankmachende« Logik in der Sendung: »Das erstrebenswerte Ziel ist es, die eigentlichen Wahrnehmungen, Gefühle und Bedürfnisse zurückzustellen, um sich perfekt an die Anforderungen und Normen anderer anzupassen und sie in ihrem Anliegen nicht zu stören.«

Fakt ist, dass Magersucht immer noch die häufigste Todesursache bei jungen Mädchen ist. Eine globale Umfrage ergab, dass sich fast die Hälfte der 15-Jährigen weltweit zu dick findet, obwohl sie normalgewichtig sind. Daran tragen die sozialen Medien eine erhebliche Mitschuld: 2021 kam heraus, dass der Facebook-Konzern seit mindestens drei Jahren eine Studie zurückgehalten hat, die belegt, dass seine App »Instagram« bei jedem dritten Mädchen im Teenageralter zu Problemen mit dem Körperbild führt. Jungen Männern geht es ähnlich. Und wie sollte es auch anders sein? Wo wir gehen und stehen, begegnen uns perfekt zurecht retuschierte Leiber. Kendall Jenner hier, Gigi Hadid oder Kaia Gerber da. Frauen wie sie werben mit ihren untergewichtigen Körpern für Katzenfutter, Dosenravioli, Kaffeesahne. Auf den Klatschseiten im Netz oder in den Zeitschriften werden von denselben Frauen ohne Unterbrechung die neuesten Paparazzi-, Red-Carpet- oder Instagram-Pics abgefeiert. Und die Jugendlichen kopieren sie. Dabei ist bemerkenswert und neu, dass sich heute auch immer mehr junge Frauen mit Kleidergröße 42/44 aufwärts trauen, diese mutigen, knappen Looks zu tragen. Das Ergebnis der Bodypositivity-Bewegung. Mode und Weiblichkeit sollen Spaß machen und junge gesunde Körper nicht dem Spott einer auf Topmodel-Maße geeichten Gesellschaft ausgesetzt sein.

Teenagerjahre

Im Sommer 1995 hatte ich nur ein Ziel: Ich wollte unbedingt die entführte Prinzessin Peach in dem Gameboy-Spiel »Super Mario« retten. Sie war hübsch, süß und komplett in der Defensive. Also nahm ich die Rolle eines schnurrbärtigen Italieners in Latzhosen ein und setzte alles daran, Peach aus den Fängen eines fiesen Dämons zu befreien. Meine kleine Schwester und ich kloppten uns jeden Abend darum, wer seine vier dicken Batterien im einzigen Ladegerät des Haushalts aufladen durfte, um jeden Tag aufs Neue unser Glück am Nintendo-Gerät zu versuchen. Während zahlreicher endlos langer Autofahrten an den Strand oder ins Freibad zockten wir uns durch die Level – bis ich es endlich geschafft hatte und die erlösende Melodie ertönte: Peach war frei und schwebte glücklich mit Super Mario davon. Mit der hilflosen Peach konnte ich mich bereits im Alter von neun Jahren überhaupt nicht identifizieren. Ich fühlte eher Mario. Ein mutiger, furchtloser kleiner Held. Aber dann kam die Pubertät und ich fand einen neuen Endgegner – meine erwachende Sexualität. Ich war (gefühlt) eine der letzten in der Klasse, die noch nie einen richtigen Freund gehabt hatte und bekam Panik. Ein fester Freund war damals, mit 13, so etwas wie ein Gütesiegel für jedes Mädchen und jeden Jungen: Du bist beliebt, hübsch, cool, lustig. Da wollte man also dringend hin. Wie eine Beziehung aussehen konnte, wusste ich aus der »Bravo«-Foto-Lovestory: Irgendwas mit Händchenhalten, knutschen, Teelichtern und Rosenblättern auf der Bettdecke. Der Vergleich mit attraktive(re)n Popstars oder Serien-Figuren (z. B. aus »Dawson's Creek« oder »Clueless«) schmerzte in diesen Zeiten des Selbstzweifels permanent. Wie musste ich mich geben, aussehen und reden, um geliebt zu werden? Orientierung boten mir die Musiksender MTV, VH1 und VIVA. Obwohl ich auf Rockmusik stand, schaffte ich es nicht, mich den toxischen Einflüssen des kommerziellen Pops zu entziehen. Gebannt starrte ich auf den Bildschirm, wenn dort Shakira, Britney Spears oder Jennifer Lopez lasziv ihre Hüften und Popos kreisen ließen oder Sarah Connor in einem durchsichtigen Fummel bei »Wetten, dass …?« auftrat. Ihre freizügige Inszenierung, ihr Sexappeal, ihre Schönheit schienen ihnen dabei behilflich zu sein, ALLES zu bekommen, was erstrebenswert war: Erfolg, Ruhm, Villen in Hollywood, den Status von Göttinnen, Titel wie »Sexiest Woman Alive«, ein gigantisches Vermögen – und Liebe. Denn die Jungs in meiner Klasse ließen sich begeistert darüber aus, wie »geil« diese Frauen seien. Aus diesem Grund fing ich mit einer Diät an, machte Bauch-Beine-Po-Übungen und zerschnippelte meine T-Shirts, um mir daraus so superknappe Fransentops zu schneidern wie Shakira sie in ihrem Video zu »Whenever, Wherever« trug. Dazu zwängte ich mich in einen Jeansmini, besorgte mir Plateaustiefel und machte mich zu einer ersten »Feldstudie« in die nahegelegene Dorfdisco auf. Und natürlich funktionierte es: Verehrer:innen ließen nicht lange auf sich warten. Ich kam gut an. Weil ich zufällig weitestgehend dem gängigen Schönheitsideal entsprach. Balsam für mein Selbstwertgefühl, nachdem ich jahrelang als sommersprossiger »Pumuckl« auf der amourösen Ersatzbank gehockt hatte. Nun spielte ich ein wenig damit, die Lust der Männer zu kitzeln, und sammelte die Liebesbriefchen nur so ein. Erst mit 17 begriff ich, dass ich mich durch meine freizügigen Looks zum Sexobjekt degradiert hatte, und wechselte zu lässigen Baggy Pants und Skaterklamotten. »Du sahst vorher viel geiler aus«, teilte mir mal ein Verehrer mit, aber das war mir egal. Ich genoss es jetzt, die gängigen Vorstellungen von Weiblichkeit auf den Kopf zu stellen, indem ich Kleidung trug, die eigentlich für Männer gemacht war. Diese kombinierte ich mit Nietengürteln und Accessoires aus den 1970er-Jahren, die meine Mutter aufgehoben hatte. Durch mein neues, unkonventionelles Auftreten erfuhr ich eine völlig andere Art von Respekt und Anerkennung auf dem Schulhof und kam zudem mit anderen, alternativ geprägten Leuten in Kontakt, die sich weniger dafür interessierten, ob ich einen »geilen Arsch« hatte, sondern für das, wofür ich stand. Popstars, die ihre Karriere aus unserer Sicht fast ausschließlich auf ihrer Fuckability gründeten, wurden von uns zum Feindbild erklärt. Wir boykottierten die örtlichen Großraumdiscotheken, in denen sich alles ums Aufbrezeln, Arschwackeln und Rummachen zu drehen schien, hörten lieber Punk und tanzten Pogo am Strand. Es fühlte sich gut an, den damaligen gängigen Schönheitsidealen einer patriarchal geprägten, wollüstigen Gesellschaft so unmittelbar den Fuck-Finger zu zeigen und ihr nicht das zu geben, was sie von mir als Frau einforderte: Ich sollte hübsch, brav, leise, geduldig, niedlich sein. Das war ich nie. Ich wollte lieber laut sein, provozieren, und auch mal Stunk machen, wenn ich eine Ungerechtigkeit witterte.

Fuckability und sexuelle Verfügbarkeiten

Der Druck in unserer von Selbstoptimierung und Jugendwahn geprägten Gesellschaft, möglichst lange »geil« auszusehen, war trotzdem nie größer als heute. »Wir müssen fickbar bleiben, sonst haben wir versagt«, brachte es die Comedienne Karolin Kebekus 2015 in »Die Anstalt« sarkastisch auf den Punkt. Es müsse unser Ziel sein, unsere Fuckability-Spanne zu erhöhen – von 15 bis 75 Jahre. »Wir kriegen jeden Tag aufs Brot geschmiert, welche Kackstelze wie viele Sekunden nach der Geburt wieder Unterwäsche modelt« – und das könne jede schaffen. Druck sei gut, damit wir unseren Körper richtig scheiße fänden, um unsere Kaufkraft zu erhöhen. Kinder, Karriere und den geilen Arsch kriege man immerhin leicht unter einen Hut – das haue uns Heidi Klum jeden Tag um die Ohren, das müssten wir schaffen. Auch die US-Comedienne Amy Schumer äußerte schon häufiger, dass sie es »schwierig« finde, eine Frau zu sein. »Wir werden die ganze Zeit sexualisiert, sogar wenn es verrückt erscheint […], weil Typen damit nicht umgehen können. Du kannst keine Unterhaltung haben, alles tendiert zum Sexuellen, und du wirst anders behandelt«, sagte sie in einer TV-Show. Schumer führte auch an, dass eine von sechs Frauen berichte, sexuell misshandelt worden zu sein, »aber in Wirklichkeit ist es eine von drei Frauen. Also fragen wir uns nicht wirklich, wird das passieren? Wir fragen uns, wann? Wenn ich in New York bin und die U-Bahn nehme – Frauen, wir rennen nachts nach Hause. Wir haben Angst. Wir halten den Schlüssel zwischen unseren zwei Fingern, als ob wir damit irgendetwas ausrichten könnten. Wir leben in stetiger Angst vor Gewalt. Einfach das Gefühl, das wir den ganzen Tag haben, wenn wir an einem Typen vorbeilaufen, der allein auf einer Bank sitzt. Wir sind einfach vorsichtig. Und ich denke, das ist etwas, das Männer nicht wirklich verstehen.«

Heute habe sie den Mut, Männer wegen deren unangemessenem Verhalten an den Pranger zu stellen, obwohl es ihr unangenehm sei. Sie tue es dennoch, weil sie wisse, dass es den Mann möglicherweise davon abhalten könne, weitere Frauen zu belästigen. Es ist 2022. *#metoo* ist gerade mal drei Jahre her. Wir befinden uns erst am Beginn einer neuen Zeitrechnung für Frauen, zumindest in liberalen Demokratien, wo Frauen gleichberechtigt sind und frei über ihren Körper entscheiden können. Das ist momentan leider nicht einmal (mehr) in unserem Nachbarland Polen der Fall, wo 2020 ein nahezu vollständiges Abtreibungsverbot verhängt wurde, das die Gesundheit und das Leben von Frauen gefährdet. Auch in Texas sind Abtreibungen seit 2021 selbst bei Vergewaltigungen oder Inzest ab der sechsten Woche illegal (Wohlgemerkt: Eine Schwangerschaft kann man frühestens in der 4. Woche feststellen!). Bei uns hob die neue Ampel-Koalition Anfang 2022 das geltende Werbeverbot für Schwangerschaftsabbrüche auf. Noch 2019 war die Gießener Allgemeinmedizinerin Kristina Hänel angeklagt und zu einer Geldstrafe verurteilt worden, weil auf der Website ihrer Praxis zu lesen war, dass sie Abtreibungen vornimmt. Während wir endlich diesen längst überfälligen Schritt in Sachen Frauenrechte gegangen sind, sorgt die Rechtslage in vielen anderen Ländern nach wie vor für Entsetzen. Dort wird vieles zugunsten der wollüstigen Männer entscheiden, die ihre düsteren Begierden häufig völlig ungestraft ausüben können. Auf diese Weise werden Sexualstraftaten vom Begriff »Todsünde« entkoppelt. Wir bewegen uns in einigen Regionen dieser Welt also permanent an der Grenze zu Sodom und Gomorra 2.0. Man bedenke nur: 2016 wäre es dem türkischen Ministerpräsidenten Recep Tayyip Erdogan fast gelungen, ein neues Gesetz durchzudrücken, das von einer Bestrafung von Tätern sexualisierter Gewalt gegen Minderjährige absieht, wenn diese ihr:e Opfer anschließend heirateten. Nachdem es weltweit zu Protesten gekommen war, nahm er davon Abstand. In einigen arabischen Ländern wie Tunesien, dem Libanon oder Jordanien ist es allerdings üblich, dass ein Mann, der eine Frau vergewaltigt und sie hinterher als »Entschädigung« heiratet, straffrei davonkommt. Und im Sudan müssen weibliche Vergewaltigungsopfer paradoxerweise *selbst* mit einer Strafverfolgung rechnen, wenn sie den Täter anzeigen, aber nicht beweisen können, dass sie keinen Sex mit ihm wollten.

Solche Gesetze machen es den zerstörerischen Auswüchsen der Ekstase leicht, sich unter den Menschen zu verbreiten. Wo sexuelle Straftaten nicht als solche gewertet werden, gibt es auch keine Sünder:innen, und die Menschen merken gar nicht mehr, wenn sie etwas tun, was wir gemeinhin als »böse« betrachten. Es sei denn, es kommt zum großen Knall: In Marokko wurde ein entsprechendes Gesetz 2014 aufgehoben, nachdem sich die 16-jährige Amina El Filali, die ihren Vergewaltiger heiraten sollte, mit Rattengift das Leben genommen hatte.

Homosexualität als Todsünde

Ein weiteres, gigantisches Problem ist der Umstand, wie viele Menschen überall auf der Welt aufgrund ihrer sexuellen Vorlieben diskriminiert oder sogar getötet werden. Ob jemand Frauen, Männer oder beides liebt, also etwas, das zu den Elementarsten und schönsten Dingen des Menschseins gehört, nämlich der Fähigkeit zu lieben und zu begehren, wird in diesem Fall von irgendwelchen verstrahlten Machthaber:innen zur »Todsünde« erklärt.

2018 rief in Tansania der damalige Gouverneur Paul Makonda zur »Schwulenrazzia« in der Küstenmetropole Daressalam auf. Eine von ihm gegründete Spezialeinheit sollte queere Menschen verfolgen und Verhaftungen vorantreiben. »Ich weiß, dass diese Aktion einigen Ländern nicht gefallen wird«, so der Politiker. Doch er könne sich nicht zurücklehnen und Menschen erlauben, sich »falsch zu verhalten«, nur weil einige Länder »diese Art von Verhalten billigen […]. Den Menschenrechtsverfechtern aus den Ländern, in denen Homosexualität legal ist, sei gesagt: Wenn ihr meint, man habe ein Recht darauf, schwul zu sein, dann holt diese Leute in eure jeweiligen Länder. Die Nationen, die meinen, Homosexualität sei legal, fordere ich auf zu verstehen: In Daressalam schwul zu sein [...] ist ein Verbrechen.« Seine irre Forderung: Bürger sollten »Verdächtige« über eine Telefonhotline verraten – oder gleich bei ihm im Büro melden. »Wenn Sie Schwule kennen, melden Sie sie bei mir«, hieß es. Zehntausende Meldungen gingen daraufhin bei ihm ein. Homosexuelle wurden auf offener Straße verprügelt und »Verdächtige« im Gefängnis mit »Anal-Tests« gefoltert, die beweisen sollten, dass sie gleichgeschlechtlichen Sex praktizieren. NGOs, die in dem ostafrikanischen Land gegen die Diskriminierung von Homosexuellen gekämpft oder über HIV und Aids aufgeklärt hatten, wurden von Makonda verboten, kritische Journalist:innen verhaftet und schwangere Mädchen durften nicht mehr zur Schule gehen.

Anfang 2020 erteilte die USA dem Gouverneur Makonda deshalb ein Einreiseverbot – wegen Verstoßes gegen die Menschenrechte! Im selben Jahr verlor er sein Amt. Viele EU-Länder zogen ebenfalls Konsequenzen und froren Entwicklungsgelder in Millionenhöhe ein. Die tansanische Regierung distanzierte sich zwar von den Aussagen Makondas, trotzdem unternahm der damalige Präsident John Magufuli nichts gegen die Hexenjagd. Nun wird große Hoffnung in die neue Präsidentin Samia Suluhu Hassan gesetzt, die im Kampf gegen Korruption und Corona bereits scharf gegen die mächtigen Männer in ihrem Umfeld durchgegriffen hat. Bisher ist allerdings noch nicht abzusehen, ob sich die Lage für die LGBTQ+-Community in Tansania in naher Zukunft wirklich verbessern wird.

Nur mal so nebenbei: Im Iran, im Jemen, in Mauretanien, Nigeria und in Saudi-Arabien steht auf homosexuelle Handlungen die Todesstrafe. In Afghanistan, Pakistan, Katar, Somalia und den Vereinigten Arabischen Emiraten kann sie unter bestimmten Umständen ausgesprochen werden. Brunei sieht seit April 2019 die Steinigung für homosexuelle Männer vor, Frauen müssen mit maximal 40 Stockhieben oder zehn Jahren Gefängnis rechnen. Der deutsche queere Influencer Riccardo Simonetti schilderte damals seine Gefühlslage auf Instagram. Er fühle sich hilflos und müsse sich immer wieder vor Augen führen, dass er und seine Freunde schon längst tot sein könnten, wenn sie in Brunei geboren wären. »Ich finde die Vorstellung so schrecklich, dass der Geburtsort allein entscheiden kann, was aus einem Menschenleben wird. Das Schlimmste ist, dass die ganze Welt das sieht und man trotzdem nichts ändern kann.«

Es wird einem schwindelig, wenn man sich vor Augen führt, welche Psychopathen zum Teil darüber entscheiden dürfen, was eine Todsünde ist und was nicht. Ich sage: Alles, was in sexueller Hinsicht im gegenseitigen Einverständnis zwischen zwei Erwachsenen passiert, ohne, dass andere Wesen zu Schaden kommen, ist definitiv KEINE Sünde – sondern *love, sweet love*.

Tansanias schwuler Nationalheld

Auf der Insel Sansibar, die in zweieinhalb Stunden mit der Fähre von Daressalam aus erreichbar ist, kann man das Geburtshaus des legendären, nonkonformen, bisexuellen »Queen«-Frontman Freddie Mercury besichtigen. Ich stand davor, hatte aber absolut keine Lust hineinzugehen. Mercury wird in einem der schwulenfeindlichsten Ländern der Welt trotzdem als Nationalheld gefeiert. Dabei singt er in seinem größten Queen-Hit »Bohemian Rhapsody« über sein Coming-out und avancierte in den 1980ern zur Leitfigur der Homosexuellenbewegung. Kaum ein anderer erzählte so freimütig von seiner Vorliebe für One-Night-Stands, Lederpartys und Sextreffen in Saunaclubs. Sexuelle Grenzgänge und wollüstige Exzesse, so scheint es, waren neben der Musik so etwas wie sein Lebenselixier. Würde die Rocklegende heute immer noch auf

Sansibar leben und seine Sexualität so frei leben, wie er es Zeit seines Lebens getan hat, dann würde man ihn auf der Insel für 25 Jahre ins Gefängnis stecken.

Freddie Mercury verstarb 1991 an Aids. Erst wenige Stunden vor seinem Tod hatte er seine Krankheit öffentlich gemacht. Die Epidemie markierte damals so etwas wie das Ende der seit 1968 gelebten neuen sexuellen Freizügigkeit, denn ab sofort konnte ungeschützter Geschlechtsverkehr tödlich enden.

Die Lage in Tansania berührt mich besonders, weil ich dort 2011 ein halbes Jahr gelebt und als Reporterin gearbeitet habe. Ich wohnte damals in einem Hostel im Stadtzentrum, wo auch einige deutsche Medizinstudierende untergebracht waren, die Praktika im nahen Muhimbili National Hospital absolvierten. Mit 300 Betten ist es das größte Krankenhaus Tansanias. Eines Abends kam Daniel, der ein Psychologie-Praktikum in der Abteilung für »Mental Health« absolvierte, aufgelöst von der Arbeit nach Hause. »Heute wurde ein 16-jähriger Junge von seinen Eltern bei uns eingeliefert«, erzählte er mir. »Die wollten, dass wir ihn von seiner Homosexualität heilen! Und alle Ärzte nur so: Ja, okay, kein Problem.« Er schüttelte angewidert den Kopf. »Ich weiß ja, dass Schwulsein illegal in Tansania ist. Aber die können doch nicht allen Ernstes glauben, dass wir ihm ein paar Pillen geben, und dann ist er plötzlich hetero.« Besonders schlimm fand Daniel, dass man dem Jungen eingetrichtert hatte, er sei falsch oder krank. »Er hat geweint, er war völlig verzweifelt, wollte sich umbringen. Er hat mich angefleht: Bitte, mach, dass ich normal werde! Gib mir Medizin! Operiere mich. Mein Vater will mich töten! Ich will so nicht mehr weiterleben.« Daniel stiegen die Tränen in die Augen. »Weißt du, wie beschissen die Situation für mich war? Am liebsten hätte ich ihm gesagt: Alles ist gut, du bist normal und gut so, wie du bist. Bei uns in Deutschland könntest du ein normales, schönes Leben führen.« Daniel beschrieb den Jungen als androgyne, zierliche Gestalt mit fast weiblichen Gesichtszügen, ein auffallend schöner Mensch. »Aber die Ärzte und seine Eltern haben ihn behandelt wie einen Aussätzigen, einen Geisteskranken. Die stecken ihn jetzt in die geschlossene Abteilung und vermurksen ihn wahrscheinlich total.« Daniels Geschichte hat uns noch lange beschäftigt, weil wir uns so hilflos fühlten. Unzählige junge Menschen auf der ganzen Welt befinden sich gerade jetzt in einer ähnlich aussichtslosen Lage, und keine:r kann ihnen helfen, solange die mächtigen Entscheider:innen jedwede sexuelle Orientierung, die vom klassischen heterosexuellen Paarmodell abweicht, verteufelt und verbietet.

Leben in einer Gesellschaft mit Doppelmoral

Als ich im Januar 2013 allein in mein Lieblingsland Indien reiste, hatte ich zum ersten Mal ein mulmiges Gefühl. Die tödliche Gruppenvergewaltigung einer jungen Frau in Neu-Delhi hatte kurz zuvor Schlagzeilen gemacht. Ich versuchte, ruhig zu bleiben, denn leider ereignen sich Vergewaltigungen jeden Tag, überall auf der Welt. Damals waren gerade alle Blicke nach Indien gerichtet, weil der Fall weltweit für großes Entsetzen gesorgt hatte und nun ständig über neue, ähnliche Vorfälle berichtet wurden. Gefühlt war man in Indien als Frau nicht mehr sicher. Überall im Land kam es zu großen Protesten, was immerhin zur Folge hatte, dass Vergewaltigungen nun endlich härter bestraft werden.

Einer der Gründe für Vergewaltigungen im Land ist der große Männerüberschuss, der dadurch entsteht, dass viele weibliche Föten abgetrieben und neugeborene Mädchen ermordet werden, um den Familien eine hohe Mitgift zu ersparen. Die konservative Welt, in der die jungen Inder aufwachsen, steht zudem im krassen Kontrast zu den Bildern, die ihnen durch die sozialen Medien vermittelt werden. Westliche Frauen werden von vielen als »schamlos und verdorben« angesehen. Alles Sexuelle spielt sich komplett im Verborgenen ab und unverheiratete Inder:innen dürften streng genommen nicht einmal miteinander reden. Vor einigen Jahren wurde gegen Schauspieler Richard Gere Haftbefehl wegen »obszöner Handlungen« erlassen, weil er seine indische Kollegin Shilpa Shetty auf einer Benefizveranstaltung umarmt und auf die Wange geküsst hatte.

Eine widerliche Doppelmoral, angesichts der überall präsenten halbnackten Bollywood-Beautys. Und immerhin wurde in Indien bereits 300 n. Chr. die legendäre Sexbibel »Kamasutra« erfunden! Heute ist im Land vielmehr eine Lustfeindlichkeit spürbar. Die Diskriminierung von Frauen ist allgegenwärtig, und es kommt permanent zu einer Opfer-Täter-Umkehr. Viele Opfer sexualisierter Gewalt trauen sich deshalb nicht, Anzeige zu erstatten, weil die Tat sie stigmatisieren oder Polizisten das Verbrechen einfach vertuschen würden – weil Vergewaltigung in Indien immer noch oft als Kavaliersdelikt angesehen wird. Doch viele Inderinnen wehren sich zunehmend gegen diese Opferrolle. Sie organisieren Proteste, kämpfen gegen die Unterdrückung und für ein selbstbestimmtes Leben. Ich versuche sie zu unterstützen, indem ich darüber schreibe. Und auch weiterhin ins Himalaya, nach Goa oder an den Ganges reise, um neue Geschichten als Autorin zu sammeln. Denn die gibt es im Reich der Mythen wirklich zuhauf. Mit seiner spektakulären Natur, den Farben und Düften und vor allem der Gastfreundschaft, dem herrlich schrägen Humor und der unendlichen Weisheit vieler seiner Bewohner:innen bleibt Indien meine große Liebe.

Nein heißt Nein!

»Ich hatte Finger an allen Körperöffnungen«, beschreibt eine 17-jährige Frau die schockierenden Vorkommnisse in der Kölner Silvesternacht 2015/2016, die weltweit für Aufsehen sorgten. »Vor dem Hauptbahnhof wurden wir von einer Gruppe von mindestens 30 Männern umringt und eingekreist.« In der »riesigen Traube« seien ihnen nicht nur Taschen und Wertgegenstände geraubt worden, sie seien von den stark alkoholisierten und aggressiv gestimmten Männern auch überall am Körper, vor allem zwischen den Beinen, hemmungslos angefasst worden. Auch hätten sie versucht, ihnen die Kleidung auszuziehen, während die Täter gleichzeitig in die Taschen gegriffen hätten. Von der gnadenlos unterbesetzten Polizei sei keine Hilfe zu erwarten gewesen. Zeitweilig kam es zu einer Massenpanik auf dem Bahnhofsplatz und auf der angrenzenden Domplatte. Insgesamt kam es neben Diebstählen zu sexualisierten Übergriffen, darunter auch Vergewaltigungen, an schätzungsweise 650 Frauen und Mädchen durch Männer, die laut Polizeiangaben überwiegend aus dem nordafrikanischen und arabischen Raum stammten. Auch 25 Deutsche waren unter den namentlich bekannten Verdächtigen. Zu ähnlichen Ereignissen kam es in jener Nacht auch in Hamburg, Bielefeld, Stuttgart und vielen anderen europäischen Städten. Laut BKA soll es sich um eine »gruppendynamische Entwicklung« gehandelt haben, die durch gegenseitiges Anstacheln, fehlende Perspektive auf Asyl oder Arbeit sowie die Tatsache, dass in den Herkunftsländern einiger Täter Alltagsgewalt gegen Frauen weit verbreitet ist, begünstigt worden sein.

Die Ereignisse waren – wenig überraschend – ein Nährboden für noch mehr Ausländerfeindlichkeit und Rassismus in Deutschland, weshalb es etwa in Köln zu einer Demonstration nach dem Motto »Syrische Flüchtlinge sagen Nein zu den Übergriffen von

Köln!« kam, an der Hunderte Menschen aus Syrien, Afghanistan und dem Irak, aber auch zahlreiche deutsche Frauen teilnahmen, um sich gegen Sexismus stark zu machen. Sexualisierte Gewalt ist keine Frage der Herkunft. Sie geschieht genauso hier, in Deutschland: 2020 wurden bei uns pro 100.000 Einwohnerinnen und Einwohner 11,7 Fälle von Vergewaltigung und sexueller Nötigung polizeilich erfasst. Die WHO geht davon aus, dass ein bis zwei deutsche Schülerinnen und Schüler in jeder Schulklasse sexualisierter Gewalt ausgesetzt sind oder waren. Hinzu kommt noch, dass 89 Prozent aller Sexualstraftaten weltweit laut Schätzungen der UN nie angezeigt werden.

Die Ereignisse in der Kölner Silvesternacht führten in Deutschland dazu, dass ein neues, bahnbrechendes Sexualstrafrecht mit dem Grundsatz »Nein heißt Nein« eingeführt wurde – zur Verbesserung des Schutzes auf sexuelle Selbstbestimmung. Ab sofort kommt es nicht mehr darauf an, ob ein:e Täter:in mit Gewalt droht oder diese anwendet, sondern vor allem darauf, dass eine sexuelle Handlung nicht gewollt und das für den Täter auch erkennbar ist, etwa, weil das Opfer weint. Der Deutsche Frauenrat jubelte über diesen »historischen Erfolg«, beim Bundesverband der Frauenberatungsstellen und Frauennotrufe in Deutschland sprach man von einem »Paradigmenwechsel«. Allein in Berlin stieg in den ersten zwei Monaten des Jahres 2017 die Zahl der Verfahrenseingänge wegen des Verdachts auf Vergewaltigung und sexueller Nötigung um etwa 25 Prozent. Der Vorhang ist gefallen. Die kriminellen Emergenzen der Lust sind auch bei uns in allen Gesellschaftsschichten gegenwärtig.

Absturz meines Teenieidols

Innerlich fühlte es sich an wie ein Todesfall, als der weltbekannte Rockstar und Posterboy meiner Jugend, Marilyn Manson, 2021 von mehreren Frauen wegen Nötigung, Körperverletzung und sexueller Belästigung angeklagt wurde. Seine Ex-Verlobte, die Hollywoodschauspielerin Evan Rachel Wood, warf ihm sogar Vergewaltigung vor. Er habe sie unter Drogen gesetzt – »mit allem, von Meth bis Schlaftabletten« – und sich dann im Schlaf an ihr vergangen. Das zerstörte mein bisheriges Weltbild, wenngleich Manson bis heute (Stand: März 2022) alle Vorwürfe bestreitet und zuletzt eine großangelegte Verleumdungsklage gegen Wood und all die anderen Frauen einreichte, die ähnlich schwerwiegende Vorwürfe gegen ihn erhoben hatten. Er unterstellte ihnen »böswillige Behauptungen« und eine »Verschwörung«.

Seit ich neun war, verehrte ich den exzentrischen Metalmusiker, setzte mit 20 sogar mein Volontariat aufs Spiel, um einen Tag blau zu machen und mich auf seine Vernissage in einer Kölner Galerie zu schleichen. Dort war es mir vergönnt, mich kurz mit ihm und der damals 19-jährigen Evan Rachel Wood über seine Gemälde, Absinth und die Schönheit des Kölner Doms zu unterhalten. Bis dato einer der aufregendsten Abende meines Lebens. Nachdem die furchtbaren Anschuldigungen gegen Manson laut geworden waren, fing ich jedoch an, den Abend neu zu bewerten: Wood wirkte bei der Vernissage merkwürdig passiv, stand stumm und allein in einer Ecke, während sich ihr Verlobter mit Leuten aus der Kunstszene unterhielt. Als Manson irgendwann fertig war, genügte ein Handzeichen, und sie folgte ihm wie ein Hündchen hinaus.

In dem Dokumentarfilm »Phoenix Rising« zeichnet Evan Rachel Wood nun nach, wie sich Manson seelisch und körperlich an ihr vergangen haben soll. Er wiederum streitet alles ab und unterstellt seiner Ex und ihren Supporterinnen einen geplanten Rachefeldzug. Nun muss bald ein Gericht entscheiden, wer tatsächlich Opfer und wer Täter:innen sind. Bis dahin boykottiere ich seine Musik weitestgehend. Früher gaben mir Mansons Rockhymnen Kraft, heute fühlt es sich an, als würde ich auf der falschen Seite stehen, wenn ich ihn weiter feiere. Im Zweifel für den Beschuldig-

Im Zweifel für den Beschuldigten: Rocklegende Marilyn Manson

ten, klar. Aber gänzlich an den Haaren herbeigezogen wird Woods Sicht der Dinge kaum sein. Und meine Identität als Feministin wiegt heute einfach so viele schwerer als nostalgische Gefühle für den Posterboy meiner Jugend.

#metoo und sexistische Presse

Erst 2019, drei Jahre nach den Ereignissen in der Kölner Silvesternacht, kam die #metoo-Bewegung ins Rollen. Seit der Verurteilung des mächtigen Filmmoguls Harvey Weinstein, der im Laufe seiner Hollywoodkarriere systematisch Frauen, die beruflich von ihm abhängig waren, bedrängt, sexuell missbraucht und vergewaltigt hatte, wird gefühlt jeden Tag ein weiterer berühmter Mensch öffentlich an den Pranger gestellt, weil er sich eines ähnlichen Vergehens schuldig gemacht hat. Die Zeit des Schweigens ist vorbei. Im Dezember 2021 startete die Neuauflage »And just like that …« der Erfolgsserie »Sex and the City« bei Sky. Kurz darauf beschuldigten zwei Frauen den mitwirkenden Schauspieler Chris Noth (spielt »Mr. Big«, den Ehemann der Hauptprotagonistin) des sexuellen Missbrauchs in den Jahren 2004 sowie 2015. Er bestreitet die Vorwürfe. Damit starb »Mr. Big« 2021 nicht nur den Serientod. Er darf sich nun einreihen in die Riege berühmter Männer, denen sexueller Missbrauch oder sexuelle Belästigung vorgeworfen wurde: Alfred Hitchcock, Shia LaBeouf, Kai Diekmann, Kevin Spacey, Woody Allen, Asia Agento, Dieter Wedel, Bushido, Bill Cosby, Jeffrey Epstein, Donald Trump … Traurigerweise ließe sich diese Liste noch beliebig lang fortführen.

Und sogar »Everybody's Darling« Justin Timberlake hat Dreck am Stecken! Bei einem Live-Auftritt während der Superbowl-Halbzeit riss er 2004 einer – wie wir heute wissen – wahrlich und wahrhaftig ahnungslosen (!) Janet Jackson vor 144 Millionen TV-Zuschauer:innen das Oberteil vom rechten Busen. Das Ereignis ging als »Nipple-Gate« in die Annalen der TV-Geschichte ein. Kein Mensch nahm der armen Janet Jackson damals ab, dass das nicht geplant war, obwohl sie das vehement sagte. Ihr Ruf war danach im prüden Amerika ziemlich angeknackst. Fünfzehn Jahre später kam dann aber doch noch die Wahrheit ans Licht, als der Stylist von damals auspackte: Die ganze Aktion sei tatsächlich von Justin Timberlakes Team exakt so geplant gewesen – und Jackson hatte nichts geahnt. Wie skrupellos ist das denn bitte?! Daraufhin entschuldigte sich Justin Timberlake 2021 – also nach siebzehn Jahren – öffentlich bei seiner einstigen Duettpartnerin. Und wo er schon mal dabei war, bat er auch gleich noch seine Ex-Freundin

Britney Spears um Vergebung, die er nach der Trennung indirekt des Fremdgehens beschuldigt hatte, indem er ihr angebliches Vergehen mit einem Britney-Double in seinem Musikvideo zu »Cry me a river« nachstellte. Auf Kosten zweier Frauen hatte Timberlake also damals geschickt seine Solo-Karriere angekurbelt. Spears und Jackson hatten das Nachsehen, denn die Presse der Nullerjahre war extrem sexistisch und frauenfeindlich.

Eine ähnliche Form des Slutshaming musste auch die Hotelerbin Paris Hilton über sich ergehen lassen, als ihr deutlich älterer Ex-Freund Rick Salomon gegen ihren Willen ein privates Sextape veröffentlichte, zu dem er sie im Alter von 19 Jahren überredet hatte. Zu Werbezwecken tingelte er mit dem selbstgefilmten Porno durch sämtliche amerikanische Primetime-Talkshows – und keine:r kam damals auf die Idee, ihn deshalb zu shamen. Stattdessen bot man dem gewissenlosen Loser nur zu gerne eine Plattform, und Paris Hilton bekam öffentlich den Stempel »mediengeile, berechnende Schlampe« aufgedrückt. Sie verklagte ihn spät, aber erfolgreich auf Schadensersatz. Das war lange vor *#metoo*. Heute würde einer wie Salomon öffentlich gefedert, geteert und anschließend vor Gericht gezerrt werden. Dafür, dass er eine Teenagerin sexuell ausgebeutet hat.

»Vögeln, fördern, feuern«

Im Oktober 2021 beherrschte ein Skandal die deutsche Medienlandschaft – genannt: »System Reichelt«. Der vielleicht mächtigste Chefredakteur des Landes wurde gefeuert, was offenbar längst überfällig war, denn er soll seine Macht missbraucht haben, indem er systematisch ihm untergebene, deutlich jüngere und unerfahrene Kolleginnen in sexuelle Abhängigkeitsverhältnisse lockte. Bereits im März 2021 hatte der »Spiegel« darüber unter der vielzitierten Headline »Vögeln, fördern, feuern« berichtet, gegen die Reichelt zwischendurch gerichtlich vorgegangen war, mittlerweile aber wieder veröffentlicht werden darf. Daraufhin ließ der Axel-Springer-Verlag die Sachlage von einer externen Anwaltskanzlei untersuchen. Ergebnis: Reichelt wurde verwarnt, durfte aber weiterregieren – und führte offenbar auch ein Verhältnis mit einer ihm unterstellten Mitarbeiterin weiter, obwohl er dem Vorstand etwas anderes versichert hatte. Diesen Umstand wiederum deckte die New York Times im Oktober 2021 auf, nachdem die Zeitung von mutigen deutschen Investigativjournalist:innen einen Tipp bekommen hatte, denen ihr eigener Verlagschef Dirk Ippen einen Maulkorb verpasst hatte – angeblich, um dem mächtigen Konkurrenzverlag wirtschaftlich nicht zu schaden. Das muss man sich mal reinziehen. Daraufhin war dann Schicht im Schacht, es ließ sich nichts mehr schönreden oder vertuschen, Reichelt musste gehen.

In der Talkshow von Markus Lanz berichtet Melanie Amann, Mitglied der »Spiegel«-Chefredaktion und eine der einflussreichsten Stimmen im deutschen Journalismus, von ihren Rechercheergebnissen. Die Unternehmenskultur bei Springer gleiche einem hierarchischen Königshof. Die mächtigen Männer würden sich einfach nehmen, was sie wollen. Frauen würden nach ihrer Fuckability – also »ob sie's wert sind, rangenommen zu werden«, erklärte Amann auf Nachfrage von Lanz – ausgewählt und eingestellt. Und »Bild«-Chefredakteur Julian Reichelt habe laut Amann gezielt mit jüngeren Frauen in der Redaktion Affären angefangen. »Es beginnt mit Komplimenten am Schreibtisch, aus gemeinsamen Essen werden Affären«, erklärt Amann. »Wenn Frauen danach fallen gelassen werden, endet das oft in großer Verzweiflung.« Amann kritisierte, dass der Vorstandsvorsitzende von Axel Springer SE, Mathias Döpfner, das Verhalten Reichelts heruntergespielt habe. In einem Statement hatte dieser hervorgehoben, dass es nie um sexuelle Belästigung gegangen sei, vielmehr um Einvernehmlichkeit. Schon Reichelts Vorgänger Kai Diekmann wurde 2017 sexuelles Fehlverhalten vorgeworfen, ebenso dem ehemaligen Springer-Manager Jens Müffelmann. Alle drei stritten die Vorwürfe gegen sich ab, wurden nie rechtskräftig verurteilt und gelten demnach offiziell als unschuldig. In der »Zeit« bestritt Reichelt die Vorwürfe: »Axel Springer hat keinen Beleg für Machtmissbrauch gefunden. Schon das Wort MeToo ist in diesem Zusammenhang eine Verleumdung.« Mathias Döpfner jedoch widersprach vehement: »Es ging um einvernehmliche Beziehungen mit Mitarbeiterinnen von ›Bild‹, das ist allerdings, wenn eine Führungskraft eine solche Beziehung mit einer abhängig Beschäftigten unterhält und das nicht transparent macht, nicht akzeptabel.«

Lange vor dem Bekanntwerden des Skandals hatte auch ich schon häufiger von verschiedenen (Ex-)Springer-Mitarbeiter:innen gehört, wie es im Verlag angeblich zuging. Die Grenze zwischen Beruflichem und Privatem schien offenbar mitunter fließend zu verlaufen, Hierarchien und ungleiche Machtverhältnisse dienten manchen unter Umständen gar als »Antörner«. Führungskräfte sollen jungen Mitarbeiter:innen nachgestiegen sein, hatten sie dem Hören nach mit zweideutigen SMS bombardiert, baggerten scheinbar auf Firmenfeiern an ihnen herum, einige landeten wohl auch im Bett. Manchen schien es zu gefallen. Andere fühlten sich durch Liaisons mit den Mächtigsten im Verlag unter Druck gesetzt und zerbrachen daran.

Ich weiß aus eigener Erfahrung, dass es mit Anfang 20 schwer ist, angemessen und gut zu reagieren, wenn man von einem mächtigen, älteren Vorgesetzten sexistisch oder herabwürdigend behandelt oder sogar sexuell belästigt wird. Es überfordert dich, du bist in einer Art Schockstarre, und lässt dir etwas gefallen, von dem du ahnst, dass es falsch ist. Weil diese Leute ja über den weiteren Verlauf deiner Karriere entscheiden. Du siehst nicht das große Ganze, sondern bloß ein »harmloses Kompliment« oder »freundschaftliches Tätscheln« – obwohl dir der Typ glasklar an den Arsch gefasst oder dir Anzüglichkeiten zugeraunt hat! Es braucht Zeit, bis du schnallst, dass wollüstiges Geplänkel kein »Kompliment« ist, über das du dich freuen solltest. Weder von Vorgesetzten noch von einem Kumpel oder deinem Date.

Unzählige Berufsanfänger:innen erleben solche Situationen, aber es wird besser – indem wir viel mehr darüber schreiben, reden, Konsequenzen für die Täter:innen einfordern. Die Besetzungscouch ist längst nicht leer und die beste Freundin der Todsünde Wollust. Es gibt sie nach wie vor im Film- und Musikbiz, wo Künstler:innen häufig nach ihrer Fuckability ausgewählt werden, aber auch in vielen anderen, ganz alltäglichen Berufen. Jedoch werden in Zukunft wohl immer mehr Betroffene den Mut haben, Machtmissbrauch anzuzeigen und auf diese Weise dafür zu sorgen, dass Täter:innen dauerhaft und konsequent auf dem gesellschaftlichen wie beruflichen Abstellgleis landen. Oder im Knast.

Ein Ausblick: fluide Sexualität und Robotersex

Lange galt es als festgelegt, wen oder wie wir lieben. Man war entweder straight, lesbisch oder schwul, und einige liebten sowohl Männer als auch Frauen. Heute trauen sich immer mehr Menschen, einfach ihren Gefühlen zu folgen und jemanden zu lieben, ganz unabhängig vom Geschlecht. Ihre Sexualität ist »fluide«. Auch die Einteilung in Mann und Frau ist mittlerweile hinfällig, heute kann sich jede:r aussuchen, wonach er/sie/es sich gerade fühlt. Diese Freiheit haben zumindest alle, die in westlichen Ländern leben, wo die LGBTQ+-Community nicht mit Verfolgung oder Strafen rechnen muss. Das finden natürlich nicht alle (alten, weißen, konservativen Männer) toll. Trotzdem ist dieser Trend längst nicht mehr aufzuhalten. In den Medien wimmelt es von Schlagzeilen wie »Elliot Page: Erstes Oben-ohne-Foto nach Brust-Entfernung« oder »Weder Frau noch Mann: Demi Lovato outet sich als nicht-binär«. Erlaubt ist, was gefällt. Die fluidsexuelle Bestsellerautorin Molly Wizenberg etwa hielt sich von klein auf für straight und war gerade Mutter geworden, als sie sich in eine Frau verliebte. »Ich dachte, ich hätte den Verstand verloren«, erzählte sie mir in einem Interview für die Zeitschrift »Emotion«. »Von dem Begriff fluide Sexualität hatte ich noch nie gehört. Ich wollte davon auch erst mal gar nichts wissen, nicht wahrhaben, was ich da fühlte. Ich dachte, ich sei die Einzige, der so etwas passiert!« Irgendwann sei ihr klar geworden, dass sie sich jahrelang selbst beschnitten habe, um einem Idealbild zu entsprechen.

Etwas Ähnliches schilderte mir auch die Bestsellerautorin Glennon Doyle (»Ungezähmt«). Sie war der Inbegriff der perfekten amerikanischen Hausfrau, heiratete, bekam drei Kinder, lebte in einem hübschen Haus. Blond, schlank, stets perfekt gestylt. Kuchen backen, lächeln, auf heile Welt machen – und darüber bloggen. Doch hinter den Kulissen war gar nichts perfekt, wie sie mir im Interview für »Emotion« erzählte: Doyle litt unter Bulimie, war alkoholsüchtig, und ihr Mann ging fremd. Dann, mit Anfang 40, verliebte sie sich in eine Frau. »Das Schöne an den Vierzigern ist, du kannst dir selbst vertrauen, du lernst, zu dir selbst zu stehen. Du kommst an den Punkt, an dem du bereit bist, so viele Menschen zu enttäuschen wie nötig, um dein wahres Ich nicht zu enttäuschen«, sagte sie. »Wenn dir klar wird, du kannst es nicht aller Welt recht machen, spürst du eine unglaubliche Freiheit.« Beide Frauen haben Bücher über ihr neues Queersein geschrieben, die weltweit die Bestsellerlisten stürmen. Ein eindeutiges Signal dafür, dass es für Frauen an der Zeit ist, sich und ihre Sexualität endlich restlos zu befreien.

Das Phänomen fluide Sexualität ist spannend, aber nicht neu. Der Wechsel von einem bevorzugten Geschlecht zum anderen könne unvorhergesehen passieren, erklärt mir die Hamburger Sexualberaterin Corinna Beseler. Die meisten würden nur ein- oder zweimal im Leben »springen«. Vor allem für Frauen spiele dabei die sexuelle Komponente eine große Rolle. »Viele sind überrascht, wie mühelos sie mit einer Frau zum Höhepunkt kommen können, vor allem, wenn es vorher nur selten geklappt hat«, so Beseler, die überzeugt ist, dass es in Zukunft immer mehr sexuelle Nuancen geben wird, »[…], weil wir feiner in unserer Wahrnehmung und ehrlicher mit uns selbst werden«. Ein »Normal« gebe es nicht. »Wir erleben heute eine noch nie da gewesene sexuelle Freizügigkeit«, so Beseler. »Das ist natürlich nur möglich, weil wir in einem Land leben, in dem wir uns so frei entfalten können. Dafür sollten wir dankbar sein.« Glennon Doyle sagt: »Es gab schon immer ›Fifty Shades of Gay‹ – die Leute haben ihre Bedürfnisse bloß unterdrückt. Heute trauen sich immer mehr, sie auszuleben.« Spannend: Was einen Menschen sexuell anzieht, also seine sexuelle Orientierung, kann sich überraschend auch im Alter noch ändern. Von allen Seiten erreichen uns heute Geschichten über späte Coming-outs, Geschlechtsanpassungen, freie Beziehungsmodelle. Das ist großartig, denn dadurch steigt die gesellschaftliche Akzeptanz, die Gefühle einfach fließen zu lassen. Lisa Diamond, Professorin für Psychologie und Gender Studies an der Universität von Utah, hat in einer Langzeitstudie über die Veränderungen sexueller Identitäten bei Frauen herausgefunden, dass sie häufiger dazu neigen zu »springen«. Allerdings bringe sie die Gesellschaft häufig erst einmal dazu, eine Familie zu gründen, Kinder großzuziehen. Viele entdeckten erst später, wenn die Kinder aus dem Haus seien und die Ehe nicht mehr funktioniere, dass sie auf Frauen stehen. »Heute sind die heterosexuellen Normen nicht mehr so offensichtlich wie früher«, sagt auch Corinna Beseler. »Es eröffnet uns die Möglichkeit, mit unserer Sexualität zu spielen und uns von Geschlechterklischees zu verabschieden. Es gehe nicht darum, sich einer Kategorie zuzuordnen, sondern um Lust: »Was erregt mein Genital? Zu wem fühle ich mich hingezogen? Dieses Wissen ist das größte Geschenk überhaupt«, so die Sexualberaterin.

Deutschlands bekanntester Sexualwissenschaftler Volkmar Sigusch glaubt sogar, dass jede:r grundsätzlich dazu in der Lage ist, alle Formen des Sexuellen zu praktizieren. Künftig werde Polyamorie an der Tagesordnung sein, glaubt er. Und Robotersex. »Da wir immer älter werden und alles, was möglich ist, auch besitzen möchten, wird sich die Polyamorie ausbreiten. Zum Beispiel werden sich alte Paare junge Liebhaber und Liebhaberinnen in ihr Haus holen und das Liebes- und Sexualleben dadurch wieder beleben […]. Als neue Sonderbarkeit, früher Perversion genannt, wird sich eine Robotophilie etablieren. Schließlich wird immer mehr Menschen das Zusammenleben mit einem Roboter sehr viel angenehmer sein als mit einem komplizierten, eigenwilligen und bösartigen Menschen.« Eine wahrlich so steile wie spannende These. Das gilt sicherlich auch für VR-Brillen, von denen Herr Sigusch zum Zeitpunkt des Interviews offenbar noch nichts ahnte. 2022 will Apple sein erstes Modell auf den Markt bringen. Das könnte den Beginn einer neuen Zeitrechnung markieren. Virtual Reality ist eine vom Computer erzeugte Realität, in der wir uns frei bewegen können. Es können Hitze und Geruch empfunden werden, und mithilfe von Vibrationen und Impulsen können physische Berührungen simuliert werden.

Robotersex und Virtual Reality könnten ein hilfreiches Tool sein, um eine Pornosucht in den Griff zu kriegen. Oder noch ganz andere düstere Begierden. Was wäre etwa, wenn strafbare sexuelle Handlungen in der virtuellen Realität erlaubt wären und auf diese Weise in der echten Welt eingedämmt werden könnten, um Menschen zu schützen? Oder sollten für Virtual Reality dieselben Gesetze gelten wie in der echten Welt? Vielleicht tut sich hier erstmals eine Möglichkeit auf, die destruktive Seite der Lust in den Griff zu kriegen – indem wir sie ins virtuelle Nirvana verdammen. Dystopische Filme haben bereits durchgespielt, wie es wäre, wenn wir bald die Möglichkeit erhielten, in einer Zauberwelt unterwegs zu sein. Mittagspause auf den Seychellen? Dinner mit David Hasselhoff? Sex mit Jimi Hendrix auf dem Mount Everest? Alles wäre möglich. Es kann gut sein, dass wir dann irgendwann alle mit unserer VR-Brille in einer Kammer hocken und die reale Welt zweitrangig wird – weil wir virtuell alles sein und haben können. Auch sexuell. Vielleicht sterben wir irgendwann aus, weil keine:r mehr Lust hat, an der eigenen Beziehung oder Ehe zu arbeiten und ein ganz normales 08/15-Sexleben zu führen – wenn er genauso gut mit der oder dem virtuellen Beyoncé, Brigitte Bardot oder Bradley Cooper ins Bett hüpfen könnte?

Das Ende der fleischlichen Lust und damit der Menschheit könnte also näher sein, als wir denken …

Literaturverzeichnis

Helmer, U. (2012). *Muschiland*. U. Helmer.
Lewina, K. (2021). *Bock. Männer und Sex*. Köln: DuMont Buchverlag.
Lewina, K. (2021). *Sie hat Bock*. Köln: DuMont Buchverlag.
Moll, F. H., Berberich, H., Hatzinger, M., & Schultheiss, D. (Dezember 2012). Höhepunkte aus der Geschichte der Onanie. *Der Urologe 51 (12)*. doi:10.1007/s00120-012-2994-3
Stokowski, M. (2018). *Untenrum frei*. rowohlt.
Wilda, W. E. (2010). *Das Strafrecht der Germanen*. Kessinger Publishing.

Quellenverzeichnis

Arp, D. (12. Dezember 2015). *Deutschlandfunk*. Von https://www.deutschlandfunk.de/besatzungskinder-in-deutschland-nach-1945-zwischen-den-100.html abgerufen
Braun, A. (29. Mai 2019). *evangelisch.de*. Von https://www.evangelisch.de/inhalte/156133/29-05-2019/macho-oder-frauenfoerderer-paulus-und-die-gleichberechtigung abgerufen
Dichmann, M. (2020). *Dickpics: Nicht ignorieren. Anzeigen!* Deutschlandfunk Nova. Von https://www.deutschlandfunknova.de/beitrag/dickpics-nicht-ignorieren-sondern-anzeigen abgerufen
dpa-Newskanal. (9. November 2013). *Süddeutsche Zeitung*. Von https://www.sueddeutsche.de/kultur/film-don-jon-komoedie-von-joseph-gordon-levitt-ueber-pornosucht-dpa.urn-newsml-dpa-com-20090101-131107-99-01288 abgerufen
https://www.meinekirchenzeitung.at/wien-noe-ost-der-sonntag/c-glaube-spiritualitaet/wollust_a4595
https://www.aerzteblatt.de/archiv/151408/Die-sieben-Todsuenden-Ohne-Wollust-keine-Lust
https://www.tipps-vom-experten.de/wie-die-7-todsuenden-noch-heute-unser-leben-praegen/
https://www.netdoktor.de/krankheiten/sexsucht/
https://www.zeit.de/kultur/2019-04/gleichberechtigung-sexualitaet-revolution-frauen-selbstbestimmung-queer/seite-2
https://www.deutschlandfunk.de/das-neue-sexualstrafrecht-nein-heisst-nein-100.html

https://www.faz.net/aktuell/politik/ausland/texas-abtreibungen-selbst-nach-vergewaltigung-illegal-17512993.html
https://www.dw.com/de/weiteres-designerbaby-in-china-unterwegs/a-47168790
https://www.mz.de/leben/gesundheit/sexlosigkeit-sexualtherapeut-erklart-warum-junge-manner-immer-weniger-sex-haben-1544672
https://www.thedailybeast.com/maureen-dowd-praises-metooafter-years-of-slut-shaming-monica-lewinsky
https://www.welt.de/politik/ausland/article183371264/Tansania-Hetzjagd-auf-Schwule-offiziell-eroeffnet.html
https://www.zeit.de/campus/2018/01/sexualitaet-sexualmedizin-volkmar-sigusch-interview8
https://www.planet-wissen.de/geschichte/neuzeit/hexenverfolgung/index.html
https://www.handelsblatt.com/archiv/schriftliches-eingestaendnis-im-gegenzug-verzicht-auf-anklage-bill-clinton-gesteht-meineid-ein/2034692.html
https://www.spiegel.de/geschichte/verbotene-liebe-im-ns-staat-die-deutschen-kinder-der-schande-a-1239391.html
https://www.news.at/a/im-mittelalter-sex-praktiken-11657518
https://www.deutschlandfunk.de/sure-4-vers-15-todesstrafe-steinigung-100.html
Sigusch, V. (24. August 2008). Die Himmel der Wollust. *Der Tagesspiegel.* Von https://www.tagesspiegel.de/kultur/literatur/die-himmel-der-wollust/1308270.html abgerufen

Bildnachweis

- S. 14: © picture alliance/akg-images
- S. 26: © picture alliance/dpa
- S. 33: © picture alliance/dpa
- S. 41: © Lotti Fabio, picture alliance
- S. 59: © The Advertising Archives, picture alliance
- S. 70: © picture alliance
- S. 87: © Hoogerhuis, picture alliance